地域振興論

―新しいまちづくりの実践―

秋山義継［編著］

小坂泰久・工藤正司・鈴木周也
田口久克・雑賀正光・石田義廣
片庭正雄・市原　武・岩武光宏
志太勤一・白土　健・鹿住良人
葉梨康弘

創成社

まえがき

地方の時代が標榜される今日、地方自治体は知恵を出し、国が支援するというスタイルは概ね定着しつつある。そのことは、国と地方の両者が緊密かつ実効性のある連携を持つことが前提でもある。すでに国は地方創生の基本方針を決定し、2016年度から新型交付金を創設した。この地方創生推進交付金は、各自治体が策定した地域独自の活性化策について、その費用の半分を国が負担する仕組みになっている。さらに効果が期待できる場合は最長5年間交付され、1,201件の事業が交付対象として認可されている。1事業当たりの交付上限額は、都道府県が2億円、市区町村が1億円であったものの、2017年から各1億円引き上げるという。このような背景の中で、東京圏への人口一極集中、地方の人口減少に歯止めをかけるべく早急な対策が求められている。当然のことながら、近隣自治体間での連携はきわめて重要になる。すなわち、近隣自治体が人口増に向けた政策をバラバラに推進するのではなく、県域・県境を超えての連携は、もはや不可避であるといわざるをえない。したがって、広域連携を1つの県内で行うことは当然であり、むしろ県境をまたぎ、最適の形で圏域を設定することこそ肝要なのである。くわえて住民の意識調査を実施することで、各地域の強みや弱みを分析した上での政策立案が望まれよう。今回の交付金は、人材と資金を呼び込む政策に対して重点的に交付金が配分されることは明白である。そこでは、官民による観光戦略、若者の結婚、出産、子育て支援等が想定される。また、東京圏域の高齢者向けの介護施設の将来的な不足に対応し、地方に高齢者移住の受け皿を整備する日本版ＣＣＲＣ（Continuing Care Retirement Community）は、内閣官房の「まち・ひと・しごと創生本部」が所管している。同本部によれば、「東京圏をはじめとする高齢者が、自らの希望に応じて地方に移り住み、地域社会において健康でアクティブな生活を送るとともに、医療介護が必要なときには継続的なケアを受けることができるような地域づくり」を目指としている。もちろん、これらの構想も対象になる。各地域の実情に応じた移住先の拠点づくりを効果的に支援するためには、交付金の制度設計に創意工夫をこらすことが強く求められよう。

そして、国は各自治体のアイディアと自主性を尊重するとともに、移住者数、外国人観光客の消費額、政策達成数などの成果目標値の設定を求めている。そのため、目標達成ができない場合は、事業の見直しを促すとしている。したがって、交付金の費用対効果を高めるために、実績を精査の上で自治体の自助努力を促すことは不可欠である。それゆえ政策内容や目標設定において、国と自治体との十分な意見交換および調整が必要である。

さらに、交付金の配分に関しては、従来のような単なるバラマキや縦割りの弊害を排除すべきである。２０１４年度の補正では、４，２００億円の交付金が各自治体に配分された。その使途に関しては、払った額よりも多額の買い物ができるプレミアム付き商品券が交付金の3分の1以上を占め、安易な横並びの対応が目立ち批判を受けたばかりである。新型交付金は、こうした従来の交付金の焼き直しであってはならない。国は交付金の趣旨を十分に説明し、各自治体のさらなる意識改革を促すべきである。また、交付金の基本方針には、企業の本社機能や政府機関の地方移転の推進も盛り込まれている。このことは、地方に雇用を増やし、地域経済を活性化することを目的としている。2015年6月の改正地域再生法では、本社機能移転時の法人税減税などが定められている。こうした特例措置法を活用し、企業の協力を得ながら、東京圏から地方へと人の流れを作るべきである。人口減少と超高齢化の影響を大きく受けるのは地方である。現在、地方から都市への人口流入は進行中であり、人口流出の止まらない地方は、全国平均のペースより速い衰退の道を歩むことが想定されよう。このまま何もせずに放置していると、自分たちのふるさとが消滅するかもしれないという危機感を世の中全体が共有せざるをえない。近い将来に多くの自治体が消滅することも絵空事ではないだろう。

地方経済が活性化しなければ、雇用は維持できない。仕事がなければ、若い人ほど外に出て行ってしまう。その地域では、高齢者だけが取り残され、社会保障等の費用負担だけが重くのしかかるのである。一方、その地域の住民が減れば税収減となり、このままでは自治体の存立基盤さえも揺るがすことになりかねない。

地方創生は地方が生き残るための戦略の1つであり、本書に掲載されている各自治体の事例を読んでいただければ、同じ地方創生といっても、実に多種多様なアプローチがあることがわかる。これから地方創生を勉強したい方や着手しようと考えている方、地方へのUターン希望者のヒントになれば著者一同にとって最高の喜びである。本書が多くの方々の街づくりをはじめとする地域開発や地域振興に少しでもお役に立つことを心から願っている。

最後に本書の企画から出版まで快諾され、ご尽力や励ましをいただいた（株）創成社代表取締役社長の塚田尚寛氏、校正などをご担当くださった同社出版部の西田徹氏には心より御礼申し上げたい。

２０１７年９月　茗荷谷にて

編著者　秋山義継

目　次

第 1 章

新しい公共経営（NPM を中心に）

はじめに

拓殖大学大学院教授　秋山義継

１９９０年代から現在に至る時代不況により、各地方自治体を取り巻く状況は芳しくない。90年代はじめにバブル崩壊後の不況から脱するため、自治体は、税収が落ち込む中、国の要請に応え次々に公共事業を中心とした景気対策に取り組み、基金を取り崩したり地方債を増発することになった。結果として、多くの自治体が膨大な借金を抱え込み、それを解消するために歳出削減が行われた。同時期に公務員の不祥事や不正経理が発覚し、マスコミから公務員はたたかれ、自治体職員の間には希望が閉ざされていた。一方、自治体の組織体質を改善しなければ、住民から見放されるという危機意識を持った職員も多く登場した。自治体職員たちにとってＮＰＭ（New Public Management）は最善の手段となり、90年代後半から改革派首長が脚光を浴びるにつれ、職員たちの動きに拍車がかかり、全国の自治体に広がっていった。

ＮＰＭの考え方は、従来の行政のあり方を抜本的に変える革新的なものであった。ＮＰＭは、自治体の行財政運営に民間企業における経営手法・理念である顧客志向、戦略・ビジョン、権限委譲、分権化、競争メカニズムの活用、成果志向、説明責任等を求めたところに大きな特徴がある。ＮＰＭは、自治体の行財政運営において、多くの局面でこれまでと違った手法を提供することになった。組織面では、フラット化といった特徴を示した。また、地方分権改革とNPMはほとんど同時期に登場したが、地方分権改革は政治課題として浮上し、国による法律改正という形で進んだ。これに対して、NPMは、自治体自らが改革の手法として能動的に選択したことは注目すべきである。

NPMは、先に述べたように、民間企業の経営手法をできる限り行政の運営に生かそうとする考え方である。また、イギリスなどでは、NPMの考え方をさらに発展させたPPPという官民パートナーシップという概念を生み出した。このPPP（Public Private Partnership）は、市場メカニズムを重視するものの市場原理原則だけでは達成できない公共部門の役割を積極的に評価し、その上で事業の責任やリスクのすべてを民間に移転するのではなく、公共部門と民間部門のそれぞれの長所をより効果的に引き出しながら、両者の協働や連携を強めて事業を成功させていこうとする考え方である。我が国は、地方の人口減少、地域経済の縮小による財源不足、高度経済成長期につくられたインフラの老朽化など、問題を抱えている地方自治体が多い。そんな中、地域の問題を解決できる手法として期待されているのが、行政に民間の知恵を導入する官民協働による解決手法PPP、公民連携である。PPPとは、行政策のための事業を国や地方自治体、公共機関などの「官」と、企業やNPO、市民団体などの「民」が役割分担して実施する手法のことである。公共施設、インフラの建設や管理だけでなく、商店街再生や観光開発など、行政と民間が連携する事業であればすべてを含む幅広い概念である。PPPはNPMの実践による効率化重視の考え方によって軽視されがちだった公共サービスの質的な改善にも目を向けている。市場メカニズムを介さない市民やコミュニティの参加・協働を進めようとすることに特徴がある。官民パートナーシップＰＰＰは、政治主導型のＮＰＭに対し、住民の参加・協働を重視する考え方で、イギリスのブレア政権のベスト・バリュー施策が代表的である。ここでは、ＮＰＭ、ＰＰＰの１つであるＰＦＩやコンセッション型などの内容整理をしながら以下において考察する。

1　NPMとは

地方分権時代を迎え、我が国でもＮＰＭと呼ばれる新たな行政運営方式が登場した。ＮＰＭとは、民間企業の経営理念や管理運営手法を可能な限り公共部門へ適用することにより、公共部門の効率化やコスト削減を目指すことを目的とする新しい公共経営理論である。このＮＰＭ登場の背景には、１９８０年代半ば以降、国家財政の窮乏と公的債務の肥大化があった。また、公共部門の業績・成果の悪化のあったイギリス、オーストラリア、ニュージーランド等において生み出された手法である。このＮＰＭ理論には、国や地域、あるいは時代によって、そのコンセプトには大きな違いが見られるのが特徴である。それでもほぼ共通している特徴は、市場原理の導入、顧客主義への転換、業績・評価による統制、組織の簡素化という４つの点である。

市場原理の導入とは、公共部門が供給するサービスに競争原理を導入することにより、行政サービスの効率性向上や活性化を目指すということである。具体的には契約の概念を公共部門に取り入れて、業績・成果による統制の実効性を高めるものである。この契約による行政運営方式では、政策の企画・立案部門と執行部門とが分離され、当初に決められた業績目標を達成することを条件に、予算や人員等に関する執行部門の裁量権を大幅に拡大することになる。具体的手法には、民営化や民間委託、エージェンシー化（agency）、競争入札、ＰＦＩ（Private Finance Initiative）などがある。

顧客主義への転換とは、公共サービスの利用者であると同時に納税者である国民や市民を顧客と位置づけ、顧客にいかに喜んでいただけるか、満足を得ていただけたかを行政の目指すべき大きなミッションとして公共経営を行うことである。特に業績・評価において、顧客である国民や市民が本当に望んでいる成果を行政の活動基準とすることである。

業績・評価の統制とは、公共部門の活動基準をこれまでのような事前規制やプロセス管理を重視するのでなく、事後評価を行い成果主義を重視することである。これまでの行政評価にあっては、法令や規則、予算統制によりどう行ったかであった。これからは、行った結果からどのように変わったかという業績・成果を重要視することである。行政経営は、これまで経営資源投入の管理から、政策や事業施行による結果や施行によって生じる成果の管理へ変わっていくことである。

組織の簡素化とは、上記の基本的な考え方を実現するためには、従来の集権化された組織を変え、業務単位に分権化された組織間の契約によるマネジメント組織へと変換させることである。公共経営で政策的に実行された業績・評価の測定ができやすい階層組織からフラット型組織に変えていくことである。このNPM理論の根底には、VFM（Value For Money）の考え方がある。[1] これは、住民の租税の負担や支払いに対して、最も価値のあるサービスを提供することと、住民のために最大限に資源を有効活用することである。

欧米諸国では、社会インフラ整備や行政サービスの提供にVFMの測定が実施されている。また、同じ目的の2つの事業を実施する場合、事業コストが同じならばより質の高い事業の方がVFMが高いとされる。また、供給されるサービス水準が同じなら、よりコストの低い方がVFMがあるとされる。公共経営では、このVFMがより高い事業方式を選択することになる。

（1）NPMと行政の外部化

行政のアウトソーシング（外部化）がこれからますます進む動きがある。これを進めると、自治体職員の職域は縮小され、場合によっては失われる可能性もある。だから、あまり進めるべきでないというのが首長や幹部職員に多い考え方である。しかし、そのような考えの行政のあり方が時代にそっているかどうかである。これまではずっと行政の肥大化、膨張化があった。民間に合わない領域での「市場の失敗」は官が独占的に処理すべきであり、そこで発生する費用は原則、採算性は度外視してもよいとされてきた。国や自治体が公共性を担える主体とされ、公共の領域は官の独占となり、それに基づく福祉国家論が大きな政府を作ることになった。これに対して新しい公共経営（NPM）の考え方は、公共領域でも選択的な立場をとることである。つまり、公共性を追求するのは国や自治体だけでないと考える。そこでは、公共領域もできるだけ市場の原理に委ねるとされ、結果的に小さい政府を目指すことにある。(2) ここでは官と民を分ける大きな根拠がないとする。今後のアウトソーシングは、官の代行として民間委託するだけでなく、公共の領域を可能な限り民間にも開放するという立場をとる。それには国や自治体の職員も公共のビジネスマンとしての考え方を持つべき時代になった。

(2) NPMと業績管理

NPMの名称を考案した行政学者C. フッド（C. Hood）は、NPMによる改革は新たな理論によるものであるとしている。その思想には、公共部門における個々の専門的なマネジメント、業績の明確な基準と測定、アウトプットによる統制の重視、公共部門における事業単位への分割、公共部門の競争重視、民間部門の実践的マネジメントの重視、資源利用における規律と倹約の重視がある。(3) 欧米諸国における行政実務の現場を通じて形成された、革新的な行政運営理論である。その核心は、民間企業における経営理念、手法、成功事例などを可能な限り行政現場に導入することを通じて、行政部門の効率化、活性化をより向上させることである。(4)

NPMの柱は業績による管理運営である。これまでの予算の執行と単年度単位のインプット・コントロールから、予算編成を計画（Plan）―執行（Do）―結果・成果分析（Check）―改善（Action）―計画というPDCAサイクルへと変えるものである。アウトプットを評価し、それを次年度以降の計画に反映させる連続したマネジメント・サイクルへと変えるものである。ここでは、結果・成果を評価するための業績評価が必要になる。行政サービスの業績評価測定には公会計改革があり、有用な会計情報を提供するために発生主義会計を公会計に導入したことは、行政サービスの評価に大いに貢献している(5)。

2 PFIとは

ＰＦＩ（Private Finance Initiative）は、１９９０年代前半に英国で始まったとされる。日本では、１９９９年にＰＦＩ法が成立し、美術館や官舎などの事業で導入されてきた。２０１３年現在で４２８件のＰＦＩが実施され、事業費は４兆２，８１９億円に上っている。

これまで、民間企業が公共施設を建設し、運営する国や自治体が長時間かけて料金を支払うことで企業は建設資金を回収する「延べ払い型」と呼ばれる方式が主流であった。この方法であると、国や自治体は当初、建設コストを得るために借金する必要がないものの、長期的な財政負担が軽くなるわけではない。このため、公的な負担を少なくすることが期待できるコンセッション型（concession）が注目されている。

国や地方自治体が、公共施設の所有権を持ったまま、管理や運営を民間に任せたり、運営権を売却したりする仕組みである。30～50年程度の長期契約になるのが一般的である。国や自治体が運営権を企業に売却するコンセッション型の場合は、企業は運営権を買い取る費用はかかるものの、施設を建設する費用はかからないで、施設運営による収入を得ることができる。

コンセッション方式は、国や自治体などが施設や土地を所有したまま、運営権を民間業者に一定期間売却する仕組みである。国などは維持管理の費用を圧縮でき、民間事業者は、建設費用を負担せずに施設を運営し、独自にサービス内容や料金を設定できるメリットがある。２０１１年に、民間資金を活用した社会資本整備を目指すＰＦＩ法が改正され、認められた。経費削減と民間のノウハウを導入した運営の効率化を図ることができる。

国や自治体は、運営権を売ったお金を、建設するときに借りた資金の返済に充てることができる。２０１３年10月に国は、ＰＦＩを増やすためにメガバンクや地方銀行など70社と共同で２００億円を出資し、「ＰＦＩ推進機構」を設立した。ＰＦＩを手掛ける企業グループなどに推進機構が出資することで、事業を進めやすくしている。

ＰＦＩは、公共施設等の建設・維持管理・運営等を、民間の資金、経営能力および技術能力を活用して行う手法で

PFI「コンセッション型」のイメージ

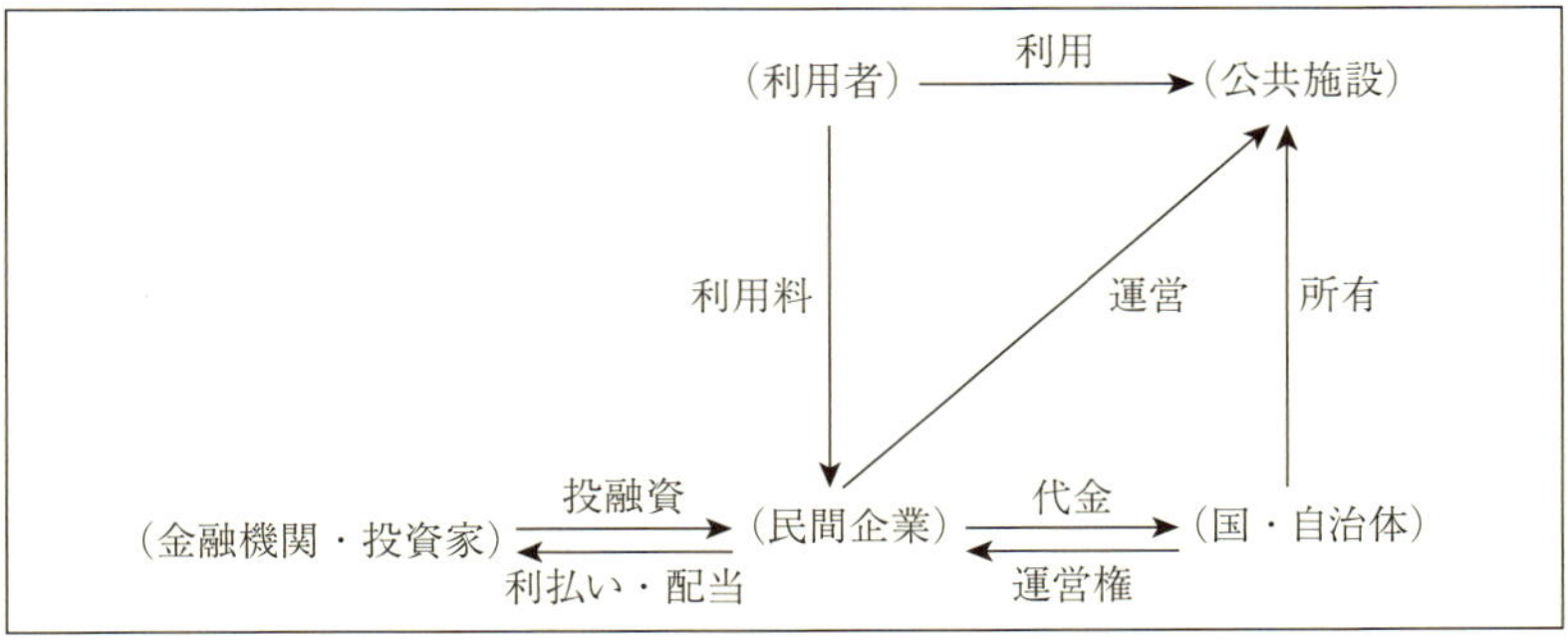

ある。国や地方自治体等が直接、施設運営を実施するよりも効率的かつ効果的に行われることになる。事業コストの削減、より質の高い公共サービスの提供が可能である。そこにはＶＦＭがある。公共がサービスを直接、提供するよりも、民間に委ねた方が効率的であるとされる。同一水準のサービスをより安く、同一価格でより上質のサービスが提供できる。

(1) 財政負担の平準化

従来の公共事業では、施設設計、建設の際に必要な費用は公的資金で対応してきたが、ＰＦＩ事業では、設計、建設に必要な資金の一部をＰＦＩ事業を実施するための特別目的会社（Special Purpose Company）が金融機関からプロジェクト・ファイナンス（Project Finance）という借り入れ方法で調達するのが一般的である。これにより、地方自治体等は建設時期に一度に資金を支出する必要がなくなり、提供されるサービスの対価としてＳＰＣに資金を支払う。ＳＰＣは地方自治体からの支払いを受け、その収入をもって金融機関に借入金を返済することになる。

ＰＦＩの導入による効果例として以下のことがある。

① ＰＦＩは性能発注であるため、民間事業者が新たに生み出した創意工夫の内容を盛り込んだ提案を受けることができる。また、ＰＦＩ事業者（ＳＰＣ）の構成にあたっては、ＰＦＩ事業の業務内容に応じて、必要なノウハウを持つ優れた民間事業者が集まるとともに、構成員間でノウハウの融合を図ることができ、さらなる創意工夫を引き

出すよう努力する。

② PFI では設計、建設、維持管理、運営を一括発注することができるので、PFI事業者（SPC）には多くの分野の民間事業者が参画し、さまざまな視点からのチェックが行われる。これにより、将来の維持管理費や修繕費も踏まえた設計、建設が行われ、トータルの事業費が削減される。また、PFI事業者（SPC）を構成する維持管理会社は運営段階から参画することができるため、自社の持つノウハウを踏まえて働きやすい施設設計とすることができる。

③ PFIでは、PFI事業者（SPC）が持つ民間事業者のネットワークを活用し、さまざまな業務を長期間にわたり一括してマネジメントするため、人員配置や業務ローテーション、人材育成、必要な機材の配備などを計画的に効率的に行える。

④ 民間事業者はPFI事業の実施にあたり、他の自社事業と同時に実施するなど創意工夫を発揮することができる。例えば、性能発注を活かし、PFI事業に必要な業務資材を、PFI事業以外の資材とともなわせて発注・管理することにより、資材コストや管理コストのより一層の削減等を図ることが期待できる。

⑤ サービス水準の達成度に応じて支払額を増減する業績連動支払いとすることで、PFI事業者（SPC）の経営努力を誘発し、サービス提供時間の拡大や接遇の改善など質的向上が期待できる。

⑥ PFI事業では、PFI事業である公共施設等と、PFI事業以外の施設（店舗や貸

事務所等の民間収益施設等）を複合施設として合築することができ、行政財産の有効活用が図られる。

3　ＰＦＩの事業類型と事業方式

（1）ＰＦＩ事業の類型

ＰＦＩ事業には以下の３つの類型がある。

①　サービス購入型―選定事業者のコストが、公共部門から支払われるサービス購入料により全額回収される。

②　独立採算型―選定事業者のコストが、利用料金収入等の受益者からの支払いにより回収される。

③　混合型―選定事業者のコストが、公共部門から支払われるサービス購入料と利用料金収入等の受益者からの支払いの双方により回収される。

（2）ＰＦＩ事業方式

事業方式には４つの方式とその他の民間を活用した４つの事業方式がある。

① BTO方式 Build（建設）Transfer（所有権移転）Operate（運営）—民間が資金を調達し施設を建設して、施設完成後に公共に所有権を移転し、民間が維持管理・運営を行う方式である。

② BOT方式 Build（建設）Operate（運営）Transfer（所有権移転）—民間が資金を調達し施設を建設して、維持管理・運営を行い、事業終了後に公共に所有権を移転する方式である。

③ BOO方式 Build（建設）Own（所有）Operate（運営）—民間が資金を調達し施設を建設して、維持管理・運営を行い、事業終了時点で民間が施設を解体・撤去する方式である。

④ RO方式 Rehabilitate（改修）Operate（運営）—民間が資金を調達し施設を改修した後、維持管理・運営を事業終了時点まで行う方式である。

(3) 民間活用のPFI事業方式

① DB方式 Design（設計）Build（建設）—民間が施設の設計・建設を一体的に行う方式である。

② DBO方式 Design（設計）Build（建設）Operate（運営）—民間が施設の設計・建設・維持管理・運営を一体的に行う方式で資金調達は公共が行う方式である。

③ BLT方式 Build（建設）Lease（リース）Transfer（所有権移転）—民間が資金調

達・設計・建設した施設を公共に一定期間リースし、あらかじめ定められたリース料で事業コストを回収した後、公共に施設の所有権を移転する方式である。

④　ＢＬＯ方式　Build（建設）Lease（リース）Operate（運営）―民間が建設した施設を公共が買い取り、民間にその施設をリースし、民間がその施設の運営を行う方式で資金調達は公共が行うことになる。

4　公共施設等運営権方式（コンセッション型）

国は、空港など公共施設の運営を民間企業に委ねる民間資金等活用事業（ＰＦＩ）の拡大に向けて検討している。国や自治体などが施設や土地を所有したまま、運営権を民間業者に一定期間売却する仕組みである。２０１１年に民間資金を活用した社会資本整備を目指すＰＦＩ法が改正され、認められた。経費削減と民間のノウハウを導入した運営の効率化を図ることにある。地域活性化に向けて、地方自治体の創意工夫や努力が反映されるように社会インフラ整備などを見直していくことである。先に述べたように、ＰＦＩのうち公共施設運営権方式（コンセッション型）と呼ばれる手法がある。自治体は施設を運営する権利を丸ごと民間企業に売ることで、建設時の借金を返済できる。買い取った民間企業は、サービス内容や料金を自由に決められ、経営の効率化も期待できる。ここではコンセッション型の特徴を述べることとする。

公共施設等運営権とは、ＰＦＩ事業への民間事業者の参入意欲を高め、ＰＦＩ事業の規模拡大を目指すため、２０１１年６月の法改正により導入された制度である。利用料金の徴収を行う公共施設等について、施設の所有権を公共へ残したまま、当該公共施設等の経営を民間事業者が行う制度である。対象施設としては、◎公的主体が所有権を有している施設（新設施設のみでなく既存施設でも可能）◎利用料金を徴収する施設（この場合は独立採算型であることが必要）以上これらの条件を満たす公共施設が対象になる。

公共施設等運営権導入のコンセッション型としては以下のようなメリットがある。

① 公共側のメリット―事業主体となる民間事業者から運営権設定の対価を徴収することにより、施設収入の早期回収が可能となる。また、事業収支およびマーケットリスクが公共側から民間事業者に移転する。

② 民間事業者側のメリット―運営権を独立した財産権とすることで、抵当権の設定が可能となり資金調達が円滑化する。さらに自由度の高い事業の運営ができることや運営権の取得に要した費用の減価償却が可能である。

③ 金融機関・投資家側のメリット―運営権への抵当権設定が可能になり、金融機関の担保が安定化する。運営権が譲渡可能となり、投資家の投資リスクが低下する。

④ 施設利用者側のメリット―民間事業者による自由度の高い運営が可能になり、利用者のニーズを反映した質の高い公共サービス提供ができ、利用者の満足度を高められる。

公共施設等運営権の特徴としては、独立採算型事業を実施する場合には、公共側は通常のPFI事業か運営権方式（コンセッション型）を選択することが可能である。ただし、運営権方式を選択する場合には、通常のPFI事業に手続きが付加されることになる。通常のPFI事業は事業契約により施設運営を実施するが、公共施設等運営権は、運営権の設定（行政処分）により施設運営を実施する。

コンセッション型の民間資金活用の背景には、公共インフラの老朽化の問題がある。老朽化したインフラが国や各自治体で膨大な量になっている。公共側はまずは過剰資産となっているインフラの施設を適正化する必要がある。民間資金を活用する手法は、残すと判断したインフラや施設について十分に検討する。そこでは取捨選択の部分が最も大切である。

改正PFI法に関しては、コンセッション型を導入する際の手続きや契約の方法を示したガイドラインが、２０１３年6月に公表されている。官民出資の基金設立など、インフラ投資の呼び水となる仕組みもできる。しかし、民間資金を活用する案件を抽出するのが難しいとされる。可能性があるインフラがあっても、自治体の職員にとってインセンティブに乏しいものもある。さらに積極的に導入したくなるような仕組み構築が必要である。

5　インフラ老朽化とアセットマネジメント（ＡＭ）

日本では、高度成長期に建設された道路や橋などのインフラの老朽化が問題になっている。各地の自治体では、インフラのメンテナンスの財源や人材は十分ではない。インフラの寿命は長期になっているので、損傷が軽微な段階で修理・補修すれば、さらに安全で長期に渡って利用ができ、結果として費用の節約が可能になる。ここで重要な点は、インフラのライフサイクルを通じて適正にマネジメントすることにある。私たちは個人のアセット（資産）には関心を持つが、公共的なアセット（assets）には関心を持たない。各自治体でも、これまで以上にインフラ等のアセットをマネジメントすることが求められる。このインフラの老朽化に対するメンテナンスを計画的に実施するアセットマネジメント（ＡＭ）が、１９８０年代にインフラの老朽化が問題になった米国で生まれた。このＡＭを普及させるには、各地域で行われているメンテナンスの種類や技術を考慮したシステム開発ができれば、新たなビジネスチャンスも広がる。

我が国のＡＭのメリットは、現場主義に徹底した膨大な量の点検結果を蓄積していることである。また、メンテナンス技術も高いものがある。新技術の導入やインフラの最適化などのマネジメント面の改善をし、国内でのＡＭの普及促進を加えれば、国際的な市場でのビジネスチャンスも出てくるであろう。世界では、建設、運営、管理の一体的なプロジェクトが主流になっている。各自治体におけるインフラが、安全かつ低コストで持続的に利用できることが望まれる。

おわりに

国や自治体の財政が厳しさを増している今日である。老朽化するインフラを更新するために、ＰＦＩ事業の取組みが注目されている。ＰＦＩは、インフラ整備や施設を民間企業に委ねて公共部門の財政負担をできるだけ減らし、民間による質の高い公共サービスの提供を目指している。１９９９年の導入以降、ＰＦＩで各地の公立学校や図書館、庁舎などのインフラ整備がされてきている。しかし、導入時と比べ公共事業費が削減・減少する中で、ＰＦＩ事業の契約金額も伸び悩んでいる。そこで、ＰＦＩ事業の抜本改革に向けて、既存施設にも導入が可能なコンセッション型の活用が検討された。コンセッション型とは、空港や有料道路など利用料金が得られるインフラの運営権を民間企業に売却するものである。例えば、国などが管理する空港の運営権を民間に売却して、公共の財政負担を減らすことである。民間は地域の実情を反映した独自の集客策を講じて旅客や貨物を増やし、民間の経営手腕を発揮して収益を得ることを可能にする。公共側の厳しい財政状況が続く中、これからもＰＦＩの積極的な活用が期待される。ただ、民間に任せてしまえばそれで良いということではない。ＰＦＩのさらなる普及には、技術的な問題として見過ごされやすい制度上の問題がある。特に税務上の問題である。従来の公共事業と比べ、ＰＦＩでは新たに法人税の負担などが生じる。固定資産税、都市計画税、不動産取得税（従来の公共事業方式非課税）（ＰＦＩ方式の

ＢＴＯ方式は非課税、ＰＦＩ方式のＢＯＴ方式［サービス購入型、公共代替性が強く民間競合の恐れがない施設等］１／２課税）である。ＰＦＩへの法人課税では、国税分も含めて自治体が税を負担する場合がある。国全体で見れば損得を生じないが、自治体の立場では国税分を損していることになる。自治体がより積極的にＰＦＩ事業に取り組むようにするには、自治体の負担分は国が還付する仕組みの検討も必要である。さらに会計処理の問題がある。公共部門は一般的に、民間と比べて資産額を大きく計上することが多い。公共部門は資産額を支出額累計を簿価によっているが、民間は将来の経済価値つまり時価に基礎をおく会計制度をとっている。既存のインフラを公共から民間に移すと、会計上の資産が目減りして損失が生じたように見える。これはあくまで会計ルールの違いで、官民連携を損ねるものでないことを国や自治体は十分に理解しなければならない。

ＰＦＩ事業活用を高めていくには、適切な制度設計が必要である。これまで民間企業が公共施設を建設し、運営する国や自治体が長期間かけて企業に料金を支払うことで、企業は建設資金を回収する「延べ払い型」方式が主流であった。この方法だと、国や自治体は当初、建設費用を得るために借金をする必要がないものの、長期的な財政負担が軽くなるわけではない。このため、公的な負担を少なくすることが期待できるＰＦＩ事業のコンセッション型が注目されている。

国は、２０２０年東京五輪・パラリンピックのメイン会場になる新国立競技場について、独立行政法人「日本スポーツ振興センター（ＪＳＣ）」が大会後も所有しながら一定期間の運営期間を民間業者に売却するコンセッション型を採用することになった。国にとっては売却益が得られるほか、維持費が不要となるのが利点である。民間業者にとっても自由度の高い運営が可能になることから採用が固まった。国内での大型施設の運営でコンセッション型が採用されるのは初めてである。

【注】

（1）石井晴夫・金井昭典・石田直美『公民連携の経営学』中央経済社、２００９年、９頁。
（2）佐々木信夫『自治体をどう変えるか』ちくま新書、２００６年、１４５頁。
（3）Hood, C.,"A Public Management for All Seasons", Public Administration, Vol.69, 1991, spring, pp.4-5.
（4）神野直彦『地方財政改革』自治体改革８、ぎょうせい、２００４年、１６６頁。
（5）神野直彦、前掲書、１６７頁。

【参考文献等】

石原俊彦・山之内稔『地方自治体組織論』関西学院大学出版会、２０１１年。

小林潔司「インフラ老朽化と適切管理」読売新聞、２０１６年11月18日。

千葉県酒々井町「酒々井町ファシリティマネジメント推進基本方針」２０１３年２月。

千葉県酒々井町「酒々井町第３回酒々井ちびっこ天国検討委員会資料」２０１３年８月９日。

NIKKEI CONSTRUCTIONシリーズ「成長分野で強くなる官民連携―アベノミクスが呼び込む民間資金―」２０１３年８月12日。

外間政貴「ＰＦＩ普及へ改革急務」読売新聞、２０１３年7月４日。
読売新聞「公共施設運営権を売却」２０１４年5月28日。

第2章
まちづくり事例

２－１

日本一古い町の100年安心して住めるまちづくり

千葉県酒々井町長　小坂泰久

1　古い歴史と緑豊かな自然環境

酒々井町は、千葉県の北部、北総台地の中央に位置し、人口約２１，０００人（２０１７年3月1日現在）、総面積19・01㎢、東西４・２㎞、南北６・２㎞と小さくまとまった町域となっている。また、都心から50㎞圏内にあって、古い歴史と緑豊かな自然環境を有し、温暖な気候に恵まれている。

千葉県酒々井町

町のホームページ

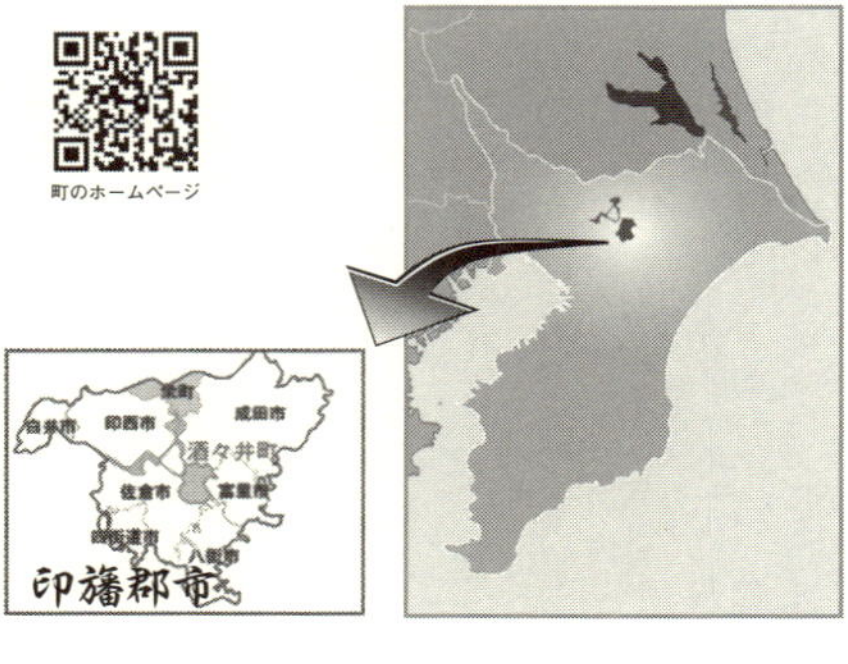

2　町名の由来と、3度の誕生日

町名は、北部に印旛沼、南部には高崎川周辺に田園地帯が広がり、清らかな湧水や地下水豊富なことから、親思いの孝行息子が見つけた井戸から汲んだ水が酒になったという「酒の井伝説」に由来している。

一、1490年（延徳2年）本佐倉城に居城した戦国大名千葉宗家が城下の町立を行った。（誕生日は8月12日）
二、1591年（天正19年）徳川家康の町割り（侍のまちから町人のまちへ再区画整理）
三、1889年（明治22年）町村制施行による誕生（本年4月、128周年）

1889年の町村制施行により近隣16カ村が合併し、新生「酒々井町」が誕生して以来、120年余り独立独歩の町として着実な歩みを続けている。1960年代後半から1970年代にかけての大規模な住宅開発に伴う

人口及び世帯数の推移

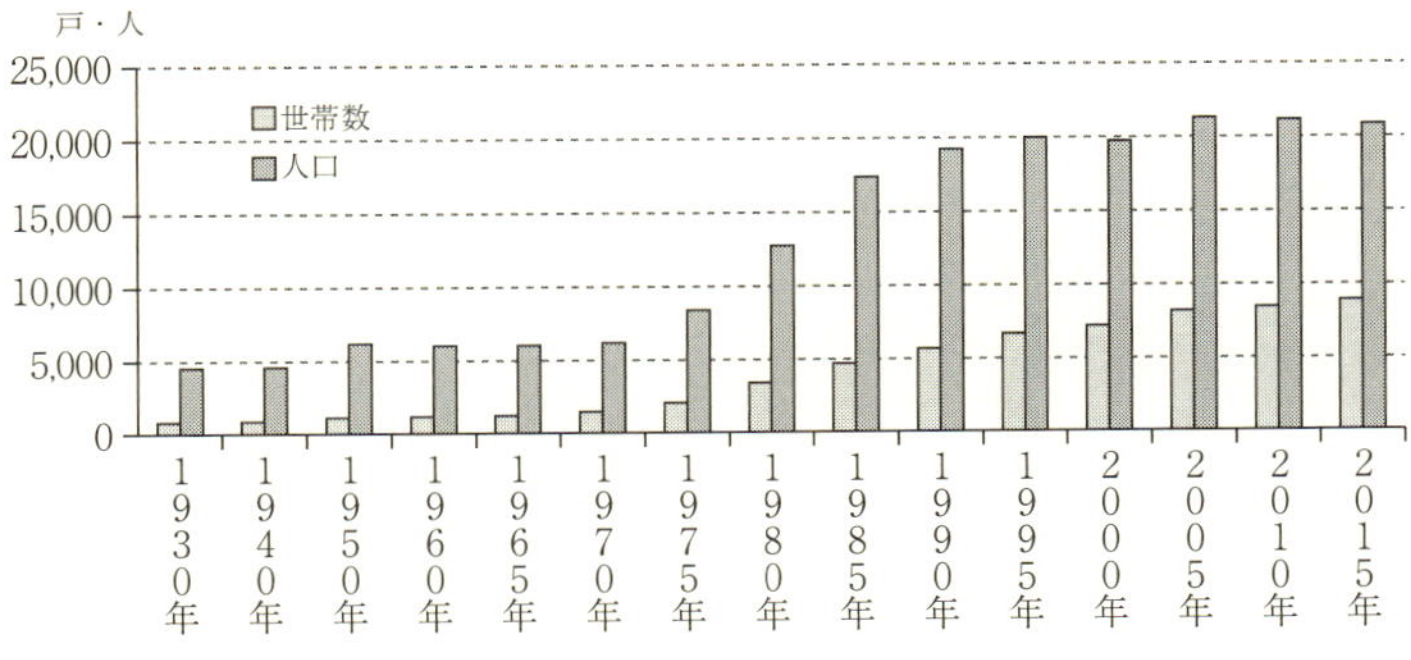

資料：国勢調査（各年10月1日現在）。

急激な人口増加によって、農業中心の町から都市機能を備えた住宅都市へと変貌し、人口2万人を超える町へと発展した。２００５年3月の住民投票により、隣接する佐倉市との合併をしないこととする自主自立の道を選択し、それ以来、地域の活性化を目指しながら、町民の誰もが住んでよかったと思えるまちづくりを進めている。

3 町の歴史は日本の歴史そのもの

酒々井町には、約3万年前、旧石器時代の、全国でも最大級、最古級の遺跡があり、現在文化庁の指導の下、国の史跡指定を目指して発掘調査が進められている。

また、縄文時代や弥生時代の遺跡のほか、古墳時代の5世紀に印旛沼を干拓した豪族の古墳からは石枕が、カンカンムロ伝説がある横穴式古墳では銅椀などが出土し、今も水辺を見守るようにたたずんでいる。町内には1、０００を超える石仏と、町名の由来を始めとする１００を超す民話が残されており、民話の里でもある。

ヒスイ製大珠

約4000年前，縄文時代後期。縄文人の祭祀用の装身具。（伊篠より出土）

縄文土器

約5000年前，縄文時代中期。（墨木戸遺跡より出土）

古東海道が町を縦貫し、奈良時代の二彩椀や、平安時代中期から台頭した坂東平氏の上総介平常澄（上総氏）が支配した印東庄（いんとうのしょう）、豊かに湧き出でる水が潤す谷津田の奥には、京都の名刹、仁和寺や上総氏・印東氏との

古代の街道と酒々井

奈良二彩椀

尾上木見津遺跡出土の奈良時代の二彩椀。完形の製品は正倉院御物に見られるのみで，遺跡出土の完形品は国内初例。

阿弥陀如来坐像と脇侍の持国天・多聞天立像

いずれも県指定文化財。

関連が窺える長福寺があり、千年前の阿弥陀仏が静かに人々の暮らしを見守り、それらからは、奈良、京都との関連も窺うことができる。そして、その周辺の谷津田は古代の景観が残り、残秋の朝霧なども楽しめる。

上総氏・千葉氏の全国的な活動は、その後の酒々井町に約千年間の長きにわたり影響を与えた。南北朝時代の殿辺田城跡と豪族屋敷村跡、戦国時代には岩橋郷に依拠していた岩橋殿、千葉輔胤が近隣の本佐倉（当時は佐倉）に本佐倉城を築城して千葉介として下総国（現在の千葉県北部と茨城県南部、東京都の東部）に君臨し、豊臣秀吉の天下統一により滅亡するまでの九代、約100年余りにわたり下総の首府として、政治、経済、文化の中心的役割を果たしてきた。城下町は1490年（延徳2年）に整備され、毎年、8月12日から13日にかけて、祭礼として競馬や馬鹿馬

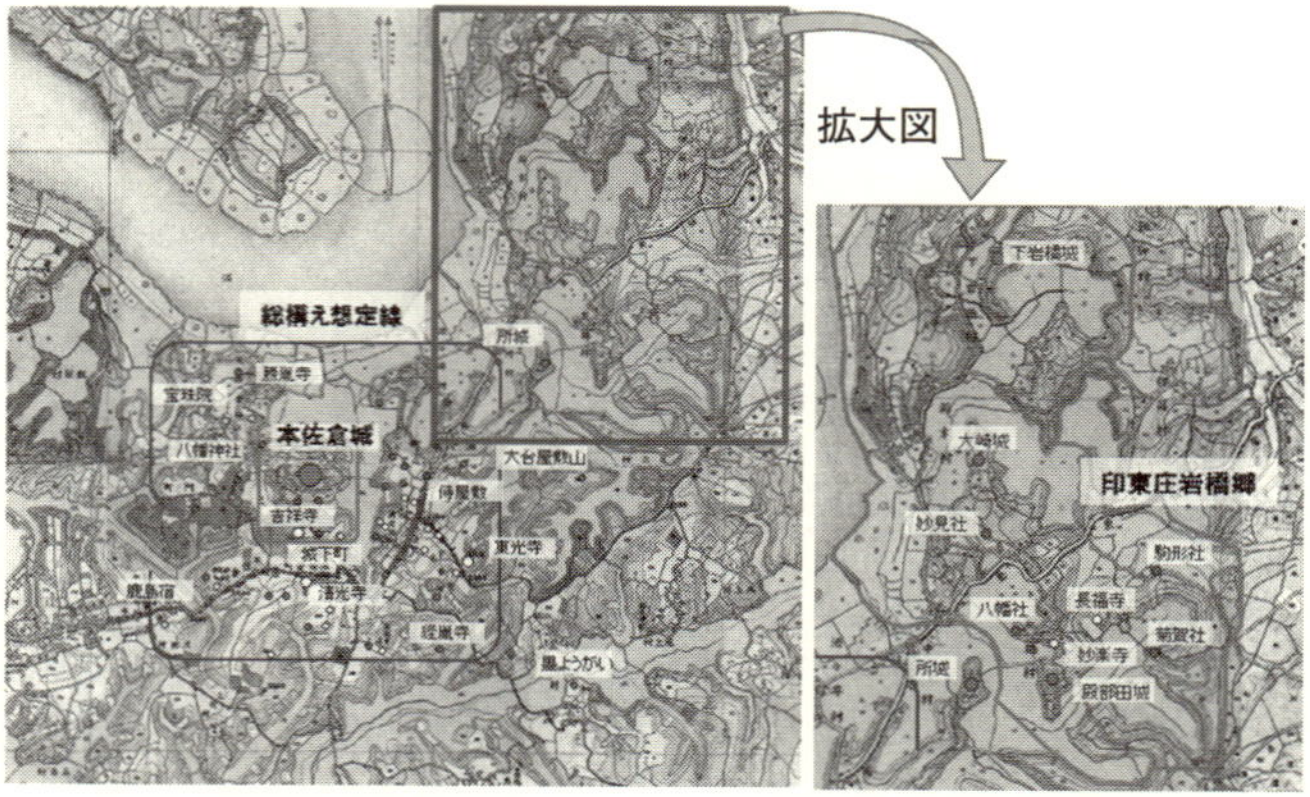

本佐倉城の惣構と岩橋郷　　千葉輔卿胤の本拠地「岩橋郷」

出所：この地図は、財団法人日本地図センター発行の「手書彩色関東実測図」を一部加工して使用している。

乗り（仮装行列＝元祖コスプレ）が行われ、近隣在郷から多くの見物客を集めていた。最盛期は第三代城主千葉勝胤の時で、城内では連歌の会が頻繁に催され、名実ともに文化の中心地として栄えた。このことは「雲玉和歌集」からも窺い知ることができる。

町の長い歴史の中で最も脚光を浴びたのは、今から約５００年前、下総守護の居城、本佐倉城の時代である。この城跡の規模は35万㎡、現在でも土塁や空堀などがほぼ完全な形で残されており、重要な文化財として１９９８年に国の史跡に指定され、さらに２０１７年には「続日本１００名城」にも選定されている。城を囲む惣構えは寺院や堀などで構成され、城跡の10倍にも及んでいる。町では２００３年から発掘調査を始め、城山郭からは城主が執務や接待をする主殿や会所などの大型の建物跡、櫓跡、門跡、塀跡が見つかり、本佐倉城は今再び目覚めようとしている。現地ではボランティアガイドによる案内で戦国時代に思いを馳せながら散策も楽しめる。

江戸時代には佐倉藩の城下町として、さらには、成田山や芝山参詣客の宿場町、問屋場が置かれ、物流の拠点としても栄えた。また、徳川幕府直轄の佐倉七牧（野馬牧場）の管理事務所（野馬会

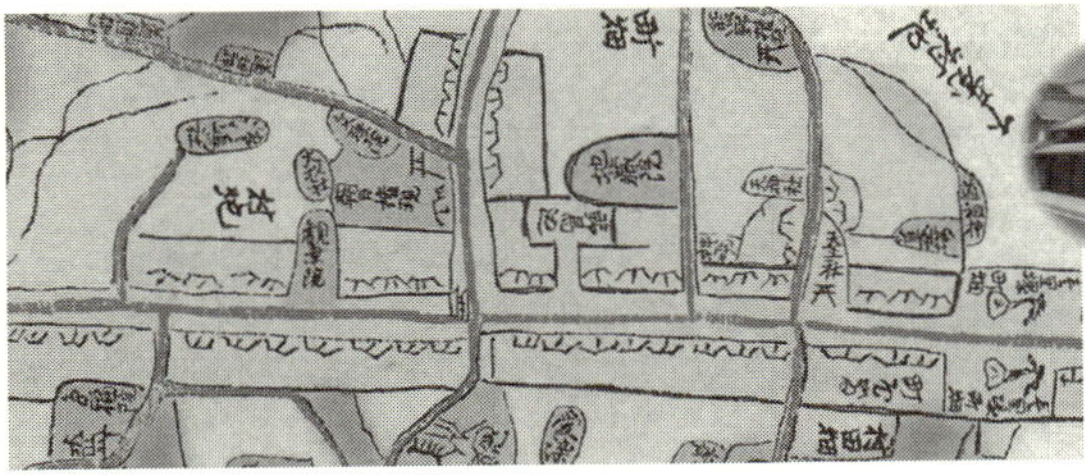

『酒々井村町麁絵図《ろくえず》』に見る当時の姿と現在の町並み

所）も置かれていた。時は１６７４年（延宝２年）４月26日、国民的人気テレビドラマとしても有名な「水戸黄門」、その黄門様（水戸光圀公）が酒々井の宿に泊まり、本佐倉城や徳川家康の父広忠の歯骨墓のある浄土宗清光寺を訪れている。

また、町内３地区（上岩橋、馬橋、墨）で笛や太鼓の音に合わせ、五穀豊穣や家内安全などを祈願して演舞される獅子舞が無形民族文化財として残されている（墨地区の獅子舞は県の無形民族文化財）。これらは江戸時代から続く「三匹獅子舞」で、それぞれの地区の個性が見られ、今なお地元の方々により伝承されている「獅子舞の里」の見どころとなっている。これらを次代に残し伝えるため、２０１６年３月に「酒々井町歴史文化基本構想」を策定し、歴史と文化を地域資源として位置づけ、文化財の保護と活用による地域社会の活性化と協働のまちづくりを推進している。

国史跡本佐倉城跡

伝統獅子舞

4　優れた都市基盤

美しい自然や豊かな緑の保全に配慮し、機能的で快適なまちづくりを進めるには、交通体系や上下水道など都市としての基本的な基盤整備が不可欠である。町内の鉄道は、ＪＲ成田線、総武本線、京成成田線の３線に４つの駅が配置され、さらに隣接市の２駅も利用できるため、町民は徒歩15分から20分程度でいずれかの駅を利用でき、東京へ約１時間、成田空港へ約15分で結ばれている。ＪＲ酒々井駅への快速電車の全便停車、京成酒々井駅への通勤快速の全便停車など交通利便性も高く、さらにＪＲと京成の両酒々井駅にはエレベーターが設置され、バリアフリー化も図られている。

一方では、路線バスの一部廃止などから高齢者の増加に伴う公共交通に対する要望が多様化しており、これらに対応するため、２００４年に自宅から目的地まで送迎するデマンド交通システムによる「しすいふれ愛タクシー」の運行を開始し、公共交通手段を確保している。今後は、身体機能が衰えるなどにより、ふれ愛タクシーへの自力での乗降が困難になった方々の移動手段を確保するため、福祉タクシー利用の充実を進めていくこととしている。

道路は、主要国道51号と２９６号が町の中央部で交差し、４車線

しすいふれ愛タクシー（兼スクールバス）

化により渋滞緩和が図られている。２０１３年４月には、東関東自動車道に地域活性化インターとして酒々井インターチェンジが開設され、時を同じくして、その隣接地の南部新産業団地内に「酒々井プレミアム・アウトレット」が開業した。その結果、年間６００万人を超える来町者と２、０００人の雇用増が実現している。

計画給水人口６、２００人の広域簡易水道事業から開始した上水事業は、現在では計画給水人口２２、７００人、１日最大給水量９、１００㎥の事業認可を受けて運営しており、普及率は93％となっている。町名の由来にもあるように豊富な地下水により、現在10本の取水井戸で水源の大部分を賄っている。また、下水道は、印旛沼流域関連公共下水道事業として５６８haの事業認可を受けて実施している。２０１６年度末の整備面積は４７４ha、普及率は93％となっており、既に市街化区域の整備は完了し、現在は市街化調整区域の整備を進めている。２０１４年からは公営企業法の適用により運営している。

酒々井インターチェンジ開通（2013 年 4 月）

5　財政と産業経済

町の財政状況は、今後、町税の減収が予想される中で社会福祉関係経費等の扶助費や施設及び設備の老朽化などに伴う維持補修費などの増加により、財政収支はさらに厳しいものになるものと見込まれている。

町税については、一人当たりの所得割の減少により個人町民税は減少するものの、新増築家屋の増加、地域活性化インターである酒々井インターチェンジの開設に伴う南部新産業団地内への企業進出による固定資産税収の増、また、事業所の増加により法人町民税も増加している。

商工業や農業では、従事者の高齢化や後継者不足が深刻化しており、遊休農地の増加とともに太陽光発電設備の増加など、環境や美観などへの影響が懸念されている。そこで良質な景観を次代に引き継ぐために、２０１３年度、景観形成団体に移行し、２０１６年度には景観計画を策定している。

酒々井町の公共交通・鉄道・バスのアクセシビリティの評価

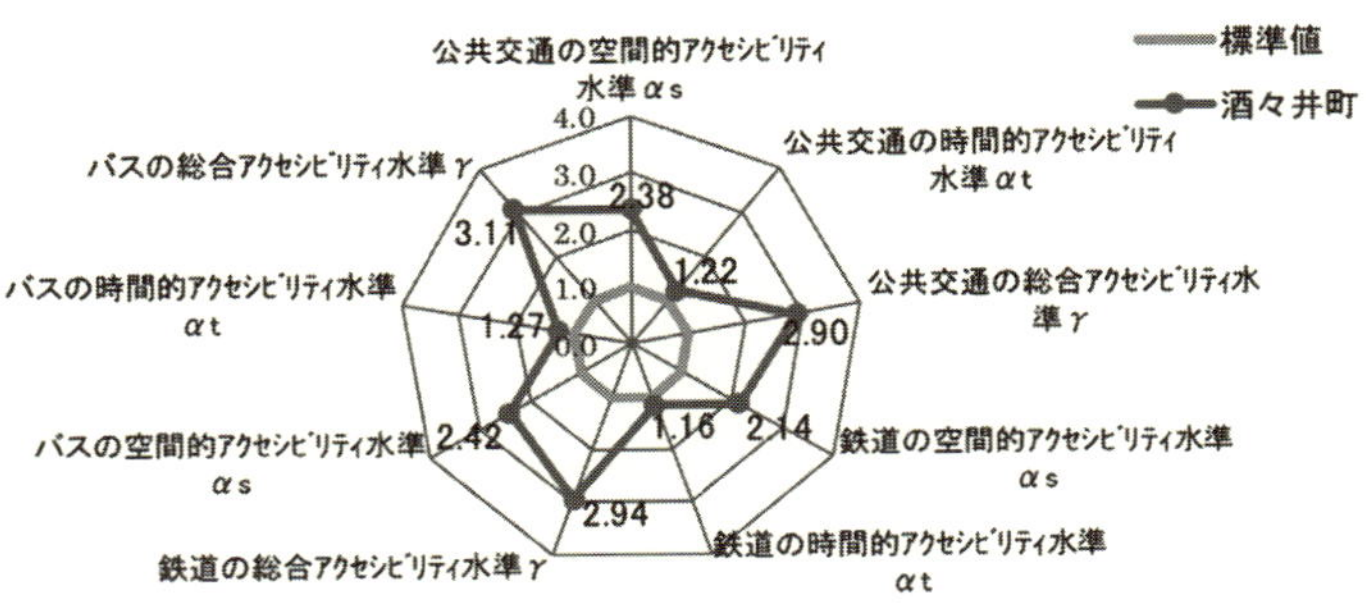

出所：公共交通政策部交通計画課「地域公共交通の『サービスのアクセシビリティ指標』評価方法」に基づき作成。

酒々井プレミアム・アウトレットオープン（2013年4月）

南部地区新産業団地収支予測

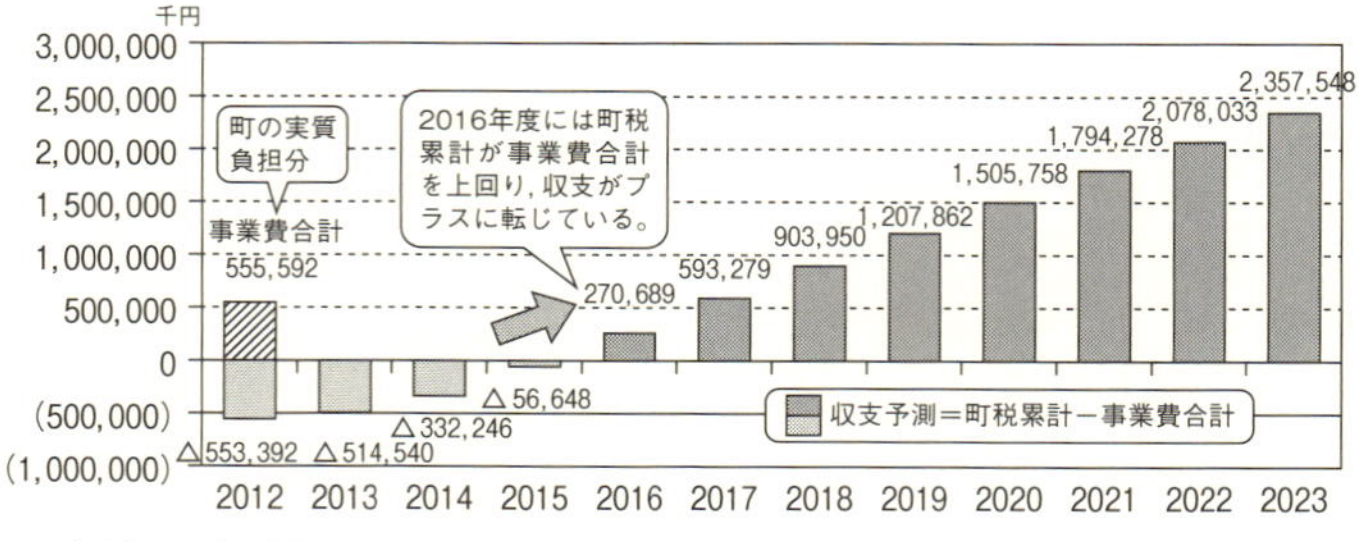

出所：町税務住民課による推計資料を基に作成。

6　健康づくりと介護予防

酒々井町の高齢化率は、１９９５年では９・９％だったが、その15年後の２０１０年には21・５％と倍増しており、さらに15年後の２０２５年には32％に達することが見込まれ、急速に高齢化が進展している。

町では、すべての町民が健やかで心豊かに生活できる活力ある社会、「健康なまち・酒々井」の実現に向け、２００２年に「健康ビジョン」を策定し、２００３年には「健康創造都市宣言」を行い、各種の健康施策を推進してきた。さらに、２０１０年には、町民参加による「先進福祉ビジョン懇談会」を設け、「先進福祉千葉県一のまちづくり」について議論いただき、町民同士の支え合いや積極的な町民参加の必要性など、方向性が示されたところである。

また、超高齢化社会を迎える中で、今後の地域社会の活性化には高齢者の活躍が不可欠であり、そのためには健康寿命の延伸が重要である。町では、「自分の健康は自分で守る」セルフケア意識の高揚を図るため、昨年、介護予防運動「しすいハート体操」を町独自に制作した。現在は、誰もが気軽に参加しやすい、自宅から歩いて

しすいハート体操

いける地域の集会所などで「しすいハート体操」の出前講座や体操教室などを行っており、将来的には地域で主体的に介護予防に取り組んでいけるよう、地域団体などへの普及活動を推進している。

7 酒々井町地域福祉フォーラム

近年の少子高齢化、人々の価値観やライフスタイルの多様化などによる地域社会の変容、家庭や地域でお互いが助け合い、支えあう相互扶助の機能低下の中で、当町においても、従来のような福祉行政の対応だけでは解決することのできないさまざまな課題が山積してきている。

このような福祉を取り巻く状況の変化や課題を踏まえ、地域住民すべてで支え合える社会福祉に変えていくためには、地域住民の自主的参加が不可欠となっている。社会福祉を特定の人に対する公費の投入と考えるのではなく、むしろ福祉活動を通じて地域を活性化させるものとして積極的な視点でとらえることが必要である。

そこで、学識経験者として順天堂大学スポーツ健康科学部の松山毅准教授、公募町民、福祉団体、福祉事業所、行政、社会福祉協議会などからなる委員会により「酒々井町地域福祉計画・活動計画」を町社会福祉協議会と協働で策定した。この計画は、町の行政計画である「酒々井町地域福祉計画」と、社会福祉協議会を中心とした民間の計画である「酒々井町地域福祉活動計画」を一体的にした計画であり、一体化することにより、支援を必要としている人をはじめ、町民の生活を地域で支援していくという活動に一層の相乗効果を生み出すことが期待できるものである。

町では、地域の課題解決に向けて共に話し合い、より暮らしやすい地域にするための取組みを考える場として、町社会福祉協議会との共催により「酒々井町地域福祉フォーラム」を開催している。このフォーラムも今年で5回目の開催となるが、そこでいただいた地域住民の意見や要望は、計画の策定にあたってさまざまな形で反映されており、その後の進行管理においても、住民参加による評価と活動推進へとつながっている。

みんなで創ろう～助け合い・支え合う福祉の町　酒々井～

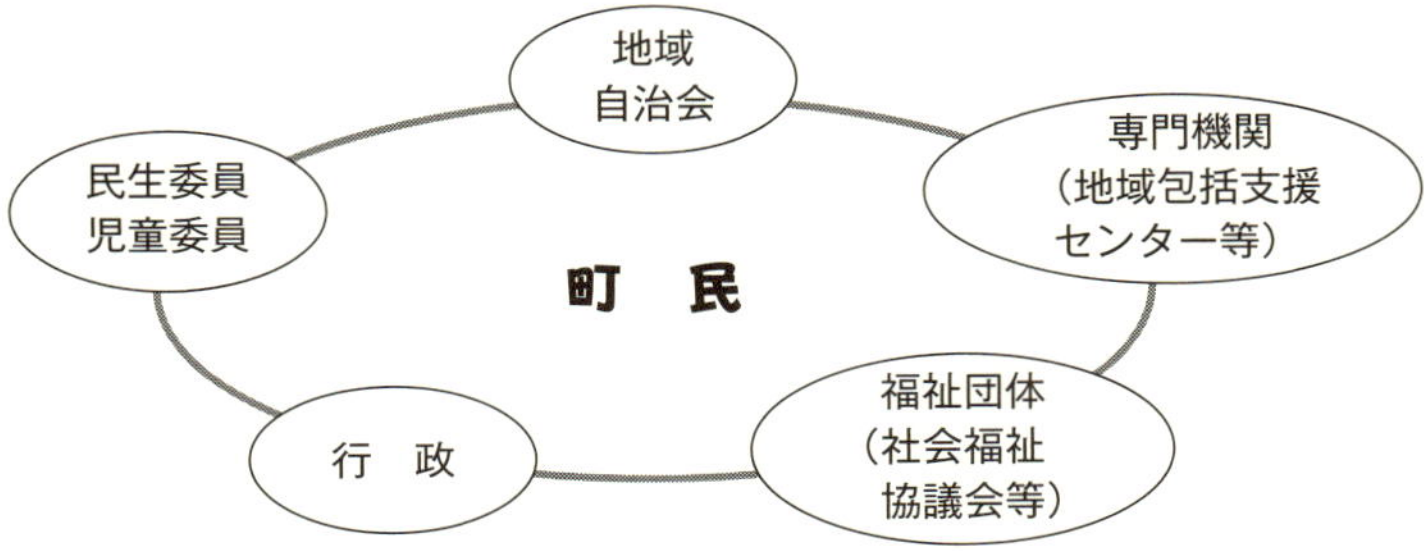

8　おしゃれで高品質なコンパクトシティを目指して、町自体をブランド化へ

町は、これまで簡素で効率的な行政運営に努め、職員の意識改革と行財政改革により、財政力の向上を図るとともに、節減した予算を活用し、子育て支援や安全・安心のまちづくりなど新たな施策に取り組んできた。

特に２０１０年度からは、町独自の施策として、子ども医療費の助成を中学校3年生まで拡充して実施するなど子育て環境の充実を図ってきた。各小中学校の耐震化工事の完了により、いち早く学校施設耐震化率１００％を達成したほか、全教室にエアコンを整備した。また、学校施設は災害発生時の避難所となることから、電源喪失を防ぐため蓄電池を備えた太陽光発電設備を設置。平時は学校へ電力供給を行い、余剰電力は東京電力に売電している。

未来を担う子供たちへの施策では、小学校6年生を対象に20名を北海道陸別町に派遣。陸別町の児童と交流を図るとともに、大自然の中で星空の観察や陸別鉄道の運転など、日頃経験できない実体験をしている。

中学生国際交流派遣事業（オーストラリア）

保育園（3歳）から中学校卒業まで12年間の一貫した英語教育を、町独自に採用したネイティブ講師により実施。国際交流派遣事業では、中学生20名をオーストラリアに派遣し、ホームステイや現地校での体験学習を通して異文化理解を深め、国際化に対応できる人材を育成している。さらに2017年度からはドイツへの相互交流派遣を計画している。

住民協働の分野では、2013年6月に「酒々井まちづくり研究所」を設立。所長に福留強聖徳大学名誉教授をお迎えし、研究員は、公民館講座である「青樹堂」（江戸時代末期に町に実在した寺子屋の名称）の師範塾を卒業した住民が主体となっている。日々、創造的なまちづくりを目指して研究活動を行っており、同研究所が企画した「全国輝く創年とコミュニティフォーラム」は、今年で第5回目の開催を迎えるところである。このフォーラムには、文部科学省をはじめ、全国から多くの皆様にご参加いただき、先進事例の発表などソフト事業を中心としたまちづくりの担い手づくりを進めている。

さらに、ユニバーサルデザインのまちづくりの一環として、JR・京成酒々井駅のエレベーターが設置され、中心市街地の活性化への取組み、急速に進む少子高齢化社会への対応など、持続可能なまちづくりへの基盤づくりを着実に行ってきた。その結果、中心市街地でも商業施設の立地などが進んでいる。

今後は、これまでの取組みの成果を踏まえ、地域間格差のない優れた都市基盤をはじめ、町の歴史的な文化遺産、景観や恵まれた自然環境など、町独自の特性や強みを最大限に活かしながら、行政サービスの質を高め、町民満足度の向上に努めていくことが必要である。

そして、生活機能の整った、歩いて暮らせる成熟した「まち」、子どもから高齢者まで、すべての人たちがいきいきと安心して暮らせる「コンパクトシティ酒々井」を目指した取組みを推進していきたい。

9　地方創生の取組み

酒々井町では、地方創生の取組みを戦略的に推進するため、２０１５年10月に、国・県の人口ビジョンおよびそれぞれの総合戦略を踏まえ、町の現状を認識し、その中での課題解決と将来の発展を創造するため、「酒々井町人口ビジョン」および「酒々井町まち・ひと・しごと創生総合戦略～１００年安心して住めるまちづくりプラン～」を策定した。２０１６年8月には、当町の「酒々井町１００年安心して住めるまちづくりプラン」が内閣総理大臣より地域再生計画として認定されたことから、国の制度を活用しつつ、町の魅力をアウトレットだけに頼らない、町と住民などの間で行政情報と地域情報を共有できるＧＩＳなど新しい取組みも取り入れた安全安心なまちづくりを展開中である。

当町の強みは、鉄道や自動車等により都内まで約1時間、成田国際空港まで約15分の位置にあることである。都市再生機構URが事業主体となって整備された区画整理地には、2013年4月の東関東自動車道酒々井インターチェンジ開設に併せて「酒々井プレミアム・アウトレット」が進出。そのほかにも、スーパー銭湯、リネン工場、ガソリンスタンド、大型中古自動車販売などが進出しており、今後も町の情報発信交流拠点や民間によるレストラン併設マルシェの計画がある。これらにより2、500人程度の雇用増が見込まれている。

また、主要国道2路線が町中心部で交差するほか、JR線2駅、京成線2駅など、優れた交通インフラを有している。町域19・01㎢と県内で2番目に小さな面積が逆に幸いし、自ずと歩いて暮らせる町になっている。さらに、多くの町民の願いであった病院（311床）の進出が決定し、2016年11月には、この病院と町とで相互連携協定を締結した。今後は、健康増進、保険活動および福祉活動の推進、地域医療連携の充実など、高齢者の在宅介護を含め、住民の包括ケアに取り組んでいくこととしている。そして、病院および関連事業者の進出により、約1、000人程度の雇用増も期待される。

戦国大名千葉宗家終焉の地、酒々井町では、2016年10月2日、千葉氏とかかわりのある市町をお招きし「第1回酒々井・千葉氏まつり」を開催した。千葉氏は、「馬」とのつな

第1回野馬牧フォーラム

がりが深く、かつて酒々井に幕府の野馬会所が置かれるなど、中心的な役割を果たしてきた。２０１７年2月には、国立歴史民俗博物館、久留嶋館長をはじめ関係者が当町に集まり、「第1回野馬牧フォーラム」を開催したところである。今後は、その馬牧をテーマにして日本遺産として認定されるよう活動を進めていきたいと考えている。現在、交流人口の町内回遊化とともに、北欧のネウボラ制度を取り入れるなど、子育て世代や高齢者まで誰もが安全安心に暮らせる取組みを進めており、定住人口の増加策にも取り組み始めている。また、町内のしごとの場となる企業誘致については、「企業立地補助金制度」などを整備し誘致を進めている。

(1) 人口ビジョン

現在の酒々井町の合計特殊出生率は1・2、国立社会保障・人口問題研究所による将来人口の推計によると２０６０年で１３、１００人と推計されているところだが、酒々井町では社会増加ペースを維持（毎年10~20人増加）し、町の政策目標としての合計特殊出生率を１・８として、２０６０年に目標とする将来人口を、現在より約2割減少に留める１７、０００人と定めた。

～４つの柱を設定，各戦略拠点を中心に施策を展開～

＜酒々井町の基本目標＞

① 地方における安定した雇用を創出する酒々井づくり
② 地方への新しい人の流れをつくる酒々井づくり
③ 若い世代の結婚・出産・子育ての希望をかなえる酒々井づくり
④ 時代にあった地域をつくり，安心なくらしを守るとともに，地域と地域を連携する酒々井づくり

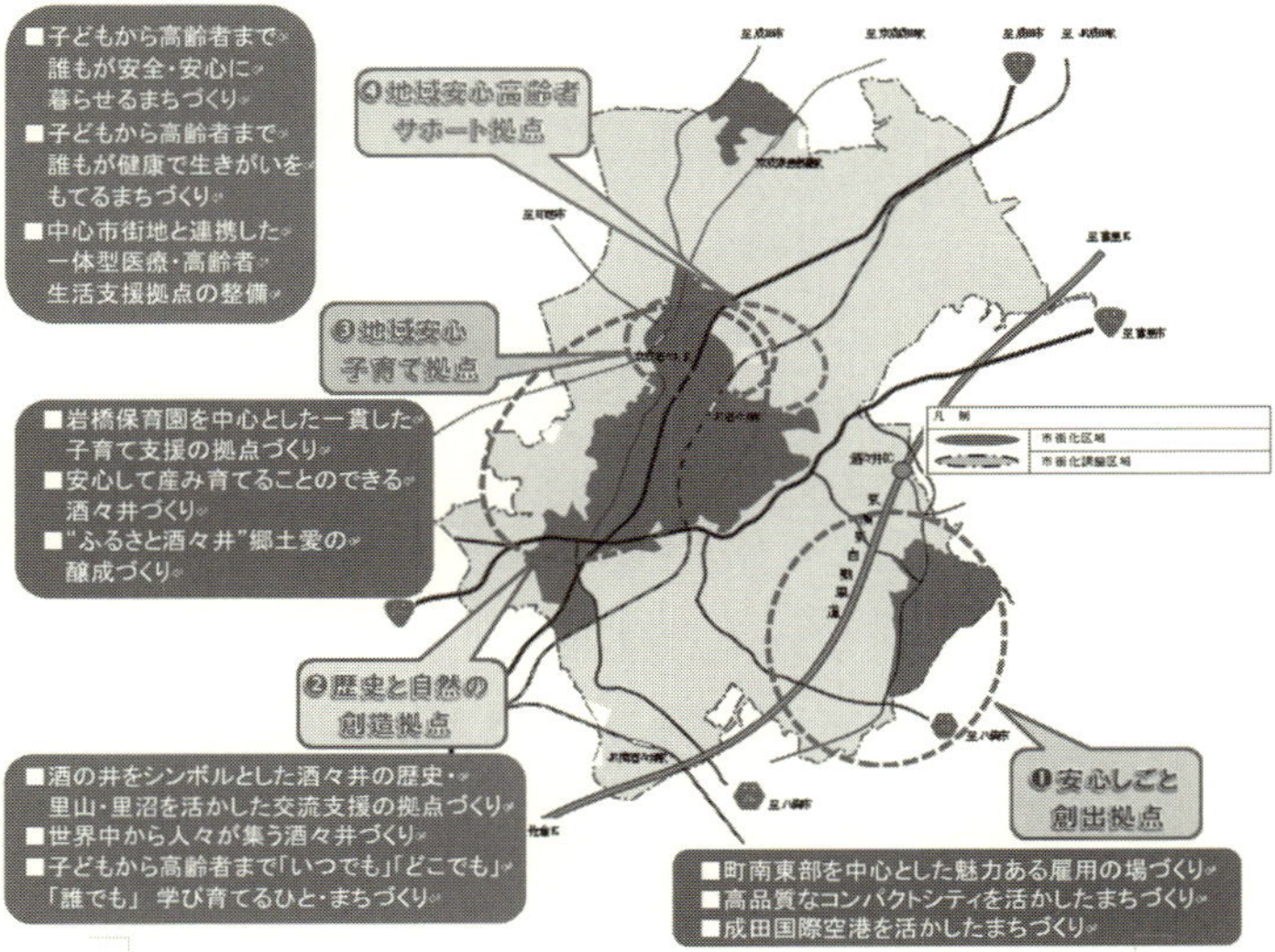

出所：酒々井町まち・ひと・しごと創生総合戦略。

（３）チャレンジ目標
～「１００年安心して住めるまちづくり」への挑戦～

「人口ビジョン」における２０６０年の目標人口１７、０００人と２０１２年３月に策定した第５次酒々井町総合計画（２０２１年の目標人口２３、０００人）とは想定時期や目標人口に乖離があるが、将来的には駅周辺地域における新市街地開発や、中心市街地における高密な中高層住宅建設など再開発事業等を実現することで、高品質なまちづくりによる人口増６、０００人程度の市街地形成を想定することも可能である。

その実現には、町民および関係地権者皆様の理解と協力を得ることが前提となるが、民間デベロッパーなどを積極的に活用し、人口増加施策を挑戦的に展開していくことにより、さらに１００年後の目標として２０、０００人程度の人口維持も可能となるものである。

地方創生人口目標（酒々井町）

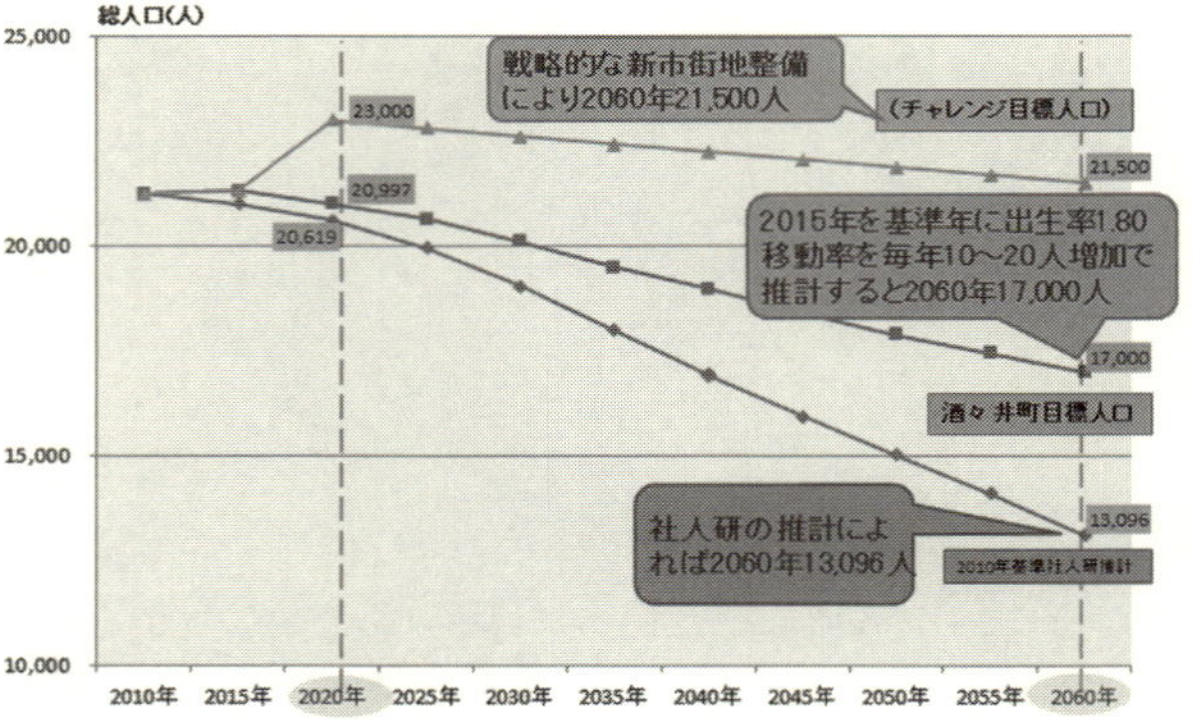

出所：酒々井町人口ビジョン。

10　長期ビジョンで見つめたまちづくりに向けて

(1) 酒々井町地方創生推進会議

今後、半世紀にわたって人口が減少し続ける中にあって、国が進める地方創生総合戦略は2019年度に終了し町の第5次総合計画も2022年度に終了することから、未来のまちづくりに向けた新たな戦略、構想等の検討が急がれる中にあって、住民参加のもと、これからのまちづくりビジョンを打ち出すため、2016年5月「酒々井町地方創生推進会議」を設置した。

座長には秋山義継拓殖大学大学院地方政治行政研究科教授、アドバイザーに大塚成男千葉大学大学院人文社会科学研究科教授および川島貞夫元千葉県教育次長・健康福祉部長と町民代表10名（男性5名、女性5名）による委員会構成とした。全9回の会議を行い、財源の確保、公共施設の更新と維持・管理、行政と公共サービス、地域の医療と福祉、教育、まちづくりの6分野にわたって議論した結果を「100年安心して住めるまちづくりに向けた提言」として頂いたところである。

第1回会議の様子（2016年5月26日）

秋山座長より提言が提出される
（2017 年 2 月 23 日）

提言では、「酒々井町は、人口減少社会にあって将来のまちづくりに適した好条件を備えている。昨年4月、町は地区計画を定め公表したところであり、町民と議会の総意、また行政との連携努力がなされれば、人口2万人程度を維持しながら『100年安心して住めるまちづくり』も十分に実現が可能である。そこで今こそ、町民、議会、行政を含め、町の真価が問われるときである。」と、叱咤激励されたところである。

11　未来に向けて

酒々井町は町域19・01㎢とコンパクトで、駅、道路、上下水道などの社会基盤整備が県内屈指であるとはいえ、現在も京成宗吾参道駅周辺やJR南酒々井駅周辺の都市的な土地利用

進出が予定されている病院の完成予想図

は十分でなく、町では2016年4月、市街化調整区域における土地利用方針および地区計画ガイドラインを定め、駅を中心として概ね500mの範囲について都市的土地利用を可能とし、今後民間デベロッパーなどによる面整備を誘導することとしている。

また、地域活性化インターとして設置された酒々井インターチェンジ周辺についても、隣接する八街市、富里市と酒々井町の2市1町で構成する「酒々井インター周辺活性化協議会」を2016年4月に設置し、インターから概ね2kmの範囲において物流などの面整備を可能としている。また現在、高速バスの拠点となるパークアンドライドの計画を、隣接する富里市およびバス会社と進めている。

少子高齢化・人口減少の中で、都市の集約誘導と既存都市施設の更新・統廃合などを進め、より高度化・複合化による効率化（多極ネットワーク型のコンパクトシティ）を進めるとともに、町の継続と発展のためには、きめ細やかな子育て支援と住民福祉の充実は大変重要なことであり、「先進福祉千葉県一のまちづくり」を進めていきたいと考えている。

今ある町の姿は、先人たちの叡智と努力によって形成されてきたものであり、これからも「住民満足度が高く暮らしやすいまち」を目指し、小さな酒々井町が、小さいからこそのメリットを十分に活かし、市町村合併など規模を求めず、小さな町だからこそできること、住民に最も身近な基礎自治体として、住民主体のまちづくりに向けた施策について内容の充実を図り、「おしゃれで高品質なまちづくり」、「町民のだれもが幸福感を実感できる、歩いて暮らせるまち」、「100年安心して住めるまちづくり」を進めていきたい。

「多極ネットワーク型のコンパクトシティ」イメージ図
(立地適正化計画および地域公共交通網形成計画)

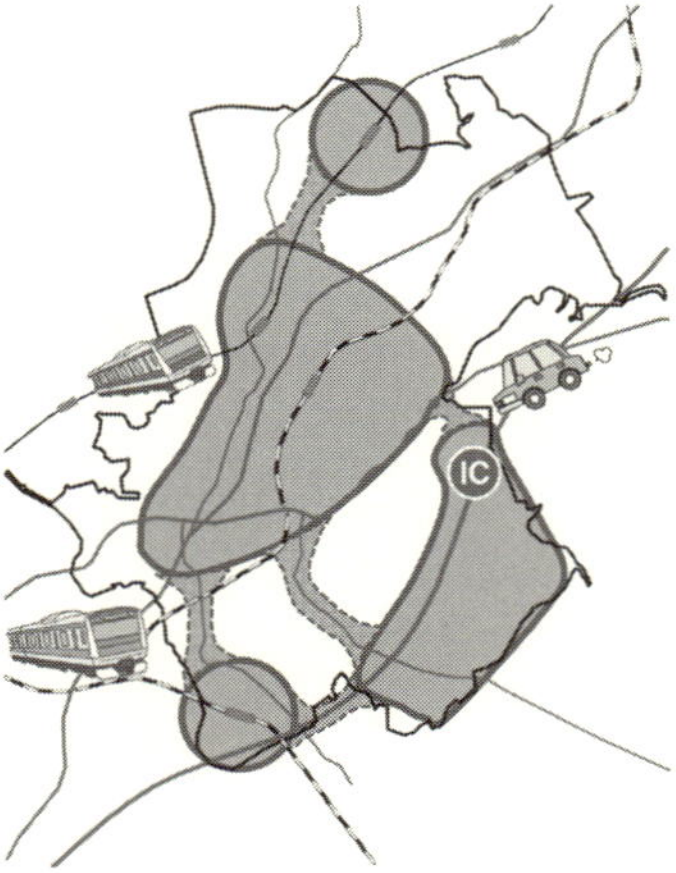

多極ネットワークの拠点となる各施設

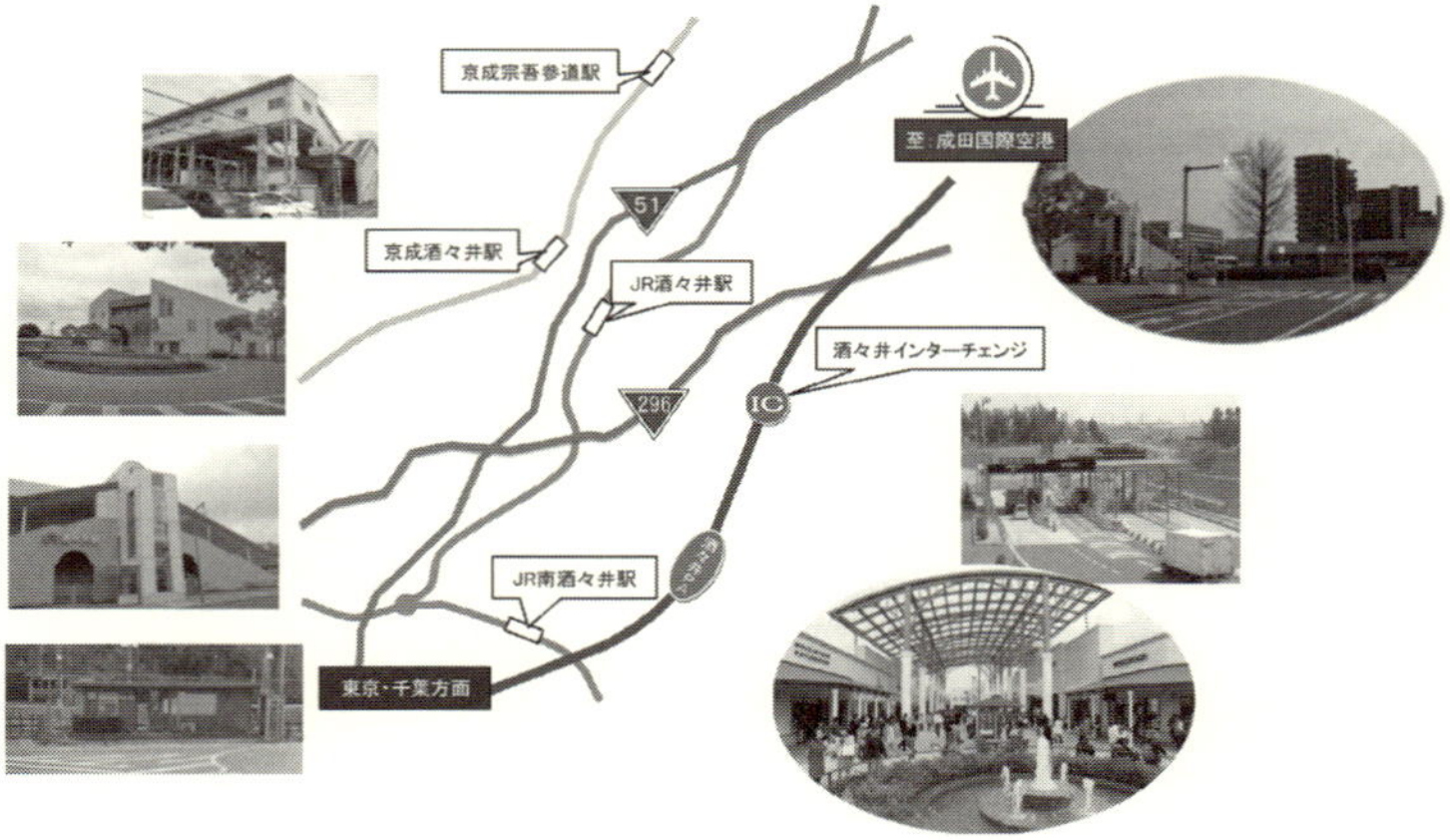

2－2 街づくりの実践

埼玉県行田市長　工藤正司

1 行田市の概要・歴史

行田市は、埼玉県の北東部に位置し、北は利根川を隔てて群馬県に接し、南には荒川が流れる、二大河川に挟まれた「水と緑に恵まれた」まちである。

気候も比較的温暖で、平坦な地形であることからも、早くから農業が盛んとなり、現在も米麦の栽培を中心とした県内有数の穀倉地帯となっている。

そうした土地柄もあってか、古くから文明が栄え、市内には5世紀の終わりから7世紀のはじめ頃に造られた「埼玉（さきたま）古墳群」があり、前方後円墳8基と円墳1基、計9基の大型古墳が集中して現存している。

中でも「丸墓山（まるはかやま）古墳」は、直径が105m、高さが18・9mあり、日本で最大の円墳である。

また、「稲荷山（いなりやま）古墳」では、1968年（昭和43年）に行われた後円部分の発掘調査の際、「金錯銘鉄剣」が出土した。１９７８年（昭和53年）には、腐食の進む鉄剣の保護処理のためX線による検査が行われ、鉄剣の両面に１１５文字の漢字が金象嵌で表されていることが判明する。その歴史的・学術的価値から、同時に出土した他の副葬品と共に１９８１年（昭和56年）に重要文化財に指定され、２年後の１９８３年（昭和58年）には国宝に指定されている。

１１５文字という字数は、日本のみならず他の東アジアで出土した文字資料の例と比較しても多い。この銘文が日本古代史の確実な基準点となり、その他の歴史事実の実年代を定める上で大きく役立つことになった。

そして、この古墳群が位置するのは、埼玉と書いて「さきたま」と読む地区であり、この地が、「埼玉県」という地名の発祥。行田市は、埼玉県名発祥の地である。

15世紀には武蔵国北部一帯を治める成田氏により忍城が築かれ、戦国時代、豊臣秀吉の小田原攻めに付随して石田三成率いる2万の軍勢を、わずか5百の手勢で退けたという史実がある。忍城は、豊臣方の水攻めに耐え抜いた逸話から「浮き城」とも称されている。

江戸時代には要衝の地として常に親藩や譜代の大名が置かれ、明治維新に至るまで忍藩十万石の城下町として栄えていた。その間、忍藩は、将軍側近中の側近として三代家光、四代家綱に仕え、島原の乱の幕府総大将を務め「知恵伊豆」と呼ばれた松平信綱をはじめ、老中を６人輩出し、「老中の藩」として政治的・軍事的にも幕府の重要拠点であった。

明治になると町村制施行により忍町となり、１９４９年（昭和24年）に県下で６番目に市制を施行して行田市となった。また、町村合併促進法による昭和の大合併に際し、１９５４年（昭和29年）から１９５７年（昭和32年）にかけて隣接８カ村を編入、また、市町村合併特例法に基づき２００６年（平成18年）１月には隣接する南河原村と合併し、現在の行田市の姿となっている。

現在、市の面積は、67・49㎢。人口は、２０１６年（平成28年）４月１日現在で、８３、２４９人。東京都心まで約60㎞の距離にあり、交通面では、都心までを1時間程度で結ぶＪＲ高崎線が市民の通勤・通学の足を担っている。その他にも、市内中心部を私鉄の秩父鉄道が東西に走っている。また、東北自動車道、関越自動車道、圏央道および北関東自動車道に囲まれた地域の中心に位置しており、各インターチェンジにも30分程度でアクセスが可能で、広域的な交通利便性にも恵まれている。

産業面では、「足袋の行田か　行田の足袋か」とうたわれたほど、かつて行田は足袋のまちであった。足袋の製造は江戸中期に始まり、昭和初期の最盛期には全国の80％を占め、８、４００万足を生産していた。戦後の生活様式の変化に伴う足袋の需要減少により被服、靴下などに転換しているものの、現在でも商工業に占める繊維産業の割合は他の地域に比べて高くなっている。

また、１９７１年（昭和46年）に新たな焼却場を建設するための工事により、地中に眠っていた蓮の種が掘り起こされ、2年後に自然発芽して綺麗な花を咲かせるという出来事があった。調査の結果、この蓮は1400年から3000年前の原始的な蓮であるとされ、「行田（古代）蓮」として市の天然記念物に指定している。

2　これまでの行田市の取組み

住民生活に最も密接な基礎的自治体である市町村の使命は、言うまでもなく住民福祉の向上であり、そのためのインフラ整備や子育て支援、医療福祉の充実、防災対策など、行政が取り組むべき課題は以前とは比べ物にならないほど多岐にわたるようになっている。また、それを持続的に可能にするための健全な財政運営も自治体の責務である。

市長に就任した2007年（平成19年）当時、行田市では行財政改革が進まず、かつての箱物行政のツケが回ってきていて、一般会計予算規模の倍にものぼる500億円を越える市債残高を抱えており、財政が逼迫している状態であった。そこで、はじめに着手したのはその借金の削減である。無駄な箱物の建設を中止するなどして、現在では市債残高も約450億円とこの10年間で実に1割もの削減を行うことができた。

しかし、その一方で必要な投資は積極的に行っており、たとえば将来を担う子供たちへの投資として、小中学校の施設の改善に取り組んできた。校舎や屋内運動場の耐震化はすでに完了しており、昔から暗い、臭い、汚いと三拍子そろって使い勝手の悪かったトイレも様式化など今年度中にはすべての小中学校で改修が完了する。さらには、集中して授業を受けられる環境の整備のために、教室へのエアコン設置を他の市町村に先駆けて集中的に実施した。このような学校の安全や快適な環境を確保する取組みは、子供たちだけでなくその保護者にも大変喜んでいただいている。

２０１１年（平成23年）３月に発生した東日本大震災では、東北地方で多くの尊い人命が失われ、いまだに多くの方が避難生活を送っている。行田市では、多くの家屋が損傷したものの大きな被害は生じなかった。しかし、災害により何不自由なく過ごしてきた日常が制約される状況に置かれることで、生活の安全の確保に対する住民の意識は大きく変化したといえる。自治体としては、施設の耐震性の確保や災害時の地域ぐるみの共助体制の整備はもちろんだが、生活インフラについても大きな役割を果たさなければならないと考える。市の事業として行う上下水道については、管路の更新に併せた耐震化を進めているが、生活に欠かせない電力の供給について、震災直後の首都圏での計画停電の経験もあり、市としてできることはないか模索することとした。その結果、市の遊休地を活用して一般家庭７００世帯以上の電力を確保できるメガソーラー事業や、公共施設の屋上での太陽光発電など、民間事業者の協力を得て市の財政負担を生じることなく実現することができた。そのほかにも環境負荷低減の取組みも兼ねて、住宅用太陽光発電システムの導入促進や、すべての防犯灯のＬＥＤ化なども行ってきた。

そうした中、２０１４年（平成26年）に日本創成会議が発表した「消滅可能性都市」は、全国の自治体に衝撃を与え、国の人口減少克服・地方創生の取組みの発端ともなった。全国市町村の約半数８９６団体が、30年後に出産適齢期の若年女性が50％以上減少することに伴い出生数、世代人口が減るという「消滅可能性都市」に挙げられ、その多くは地方部の自治体だが、東京都豊島区など都市部も名を連ね、行田市もその１つに数えられた。しかし、実は行田市では、国勢調査人口の推移から将来の人口減少に対する危機感を持ち、国が主導する地方創生より以前にその対策に着手していた。日本全体の人口が急速に減少していくという変えることのできない現実を見据えながらも、我がまちの将来の活力を維持していくために人口減少対策が不可欠であると判断し、その具体策に取りかかった。

地価の下落により東京都心部への人口回帰が続いており、国においても「東京一極集中の是正」と「人口減少社会の克服」をセットにして「地方創生」に取り組むとしている。行田市においても、まずは若年人口の転出を食い止めるためには「しごと」つまり働く場所の確保が急務であるととらえ、優良な企業が市内に新たに立地し、あるいは今ある企業が転出してしまわないよう、２０１３年（平成25年）３月に「行田市企業誘致条例」を制定し、埼玉県内でも最高レベルの奨励金制度を設けた。行田市では、３つの工業団地が存在するが、特に１９６０年代に整備された団地では、企業の撤退により用地に空きが生じていたほか、現存する企業も施設の老朽化が進んでいる状況にあった。そこで奨励金制度により、新たな投資のニーズを掘り起こし、同時に新規雇用や社員の市内転入に対する奨励金を充実した結果、工業団地の空きがなくなってしまうほどの新規立地や施設の更新に伴う事業所の集約化が進むなど、大きな効果を得ることができた。今後は、新たな企業の受け皿となる事業用地の確保にも積極的に取り組み、さらなる地域での雇用確保を進めなければならない。

また、それと同時に直接的な定住人口の増加対策にも取り組んでいる。企業誘致条例と同時に「行田市定住促進基本条例」を制定し、出産予定から中学生までの子供を養育している子育て世代の住宅取得に対して奨励金を交付するというものである。制度の開始当初は、住宅の取得を基本に、市外からの転入や市内住宅メーカーの施工の場合に奨励金を上乗せするというもので、転入促進と転出防止、さらには市内経済への波及効果まで見据えて制度設計を行った。現在は、それに加え、親世代との同居・近居も対象に加えるなど、介護や子育て支援という効果も期待できる内容に進化させている。

こうした独自の取組みを進めるなか、２０１４年（平成26年）12月に「まち・ひと・しごと創生法」が施行、同時に国の「長期ビジョン」と「総合戦略」が示され、自治体においてもそれぞれの戦略を策定することとなった。これに対し行田市ではあらかじめ全般的な人口減少対策の検討を行っていたこともあり、そこに市民意見を取り入れ「行田市まち・ひと・しごと人口ビジョン・総合戦略」を２０１５年（平成27年）12月に策定することができた。総合戦略には、「産業振興と雇用の確保」「魅力アップ・賑わい創造」「子ども安心育成」「地域活力創造」という4つの基本目標を掲げているが、地方創生において重要なことは、地域の独自性をいかに施策に活かしていくか、ということが特に大切であると考える。そこで、次に行田市の特色を活かした取組みについてスポットを当てて紹介したい。

3　行田らしさを活かしたまちづくり

冒頭から述べてきたように、行田には他の地域にはない歴史的・文化的な資源が豊富である、ということがおわかりいただけるかと思う。地域の資源というものは、長い歴史の中で積み重ねられてきたものであり、簡単に作り出せるものではない一方で、地域にとっては当たり前すぎてその価値に気付かず、外部から指摘されて認識することが多いのも事実である。

そこで、行田市の地域資源を活用し、交流人口を増やすための取組みをいくつか紹介することとする。

(1) 忍　城

忍城は、「天下人の秀吉が唯一落とせなかった城」として本市の誇りであり、その史実が作家和田竜氏により「のぼうの城」として小説となり、さらに2012年には映画化し大ヒットとなった。この映画の全国へ向けての宣伝効果は大きく、行田市という名前は全国に知れわたった。市でも、このチャンスを活かそうと、人を呼び込むあらゆる施策を展開した。

映画公開前には、市全体で観光客の「おもてなし」を推進しようと、市民意識の醸成を図るとともに、その先頭となる「忍城おもてなし甲冑隊」を結成。現在も、成田長親や甲斐姫など、忍城の主要武将に扮した「おもてなし甲冑隊」が、忍城址を中心に観光案内に従事するとともに、全国各地の各イベントに参加し演舞を披露するなど、行田市をPRしている。

観光資源に恵まれていないながらも、これまで弱かった観光客向けのお土産も、若手を中心とした商店主と連携しながら強化を図った。お土産は、帰っていろいろな方に配られるものでありPR効果も高い。なかでも、わずか5百の兵で2万の石田軍を迎え討ち、ついに落ちなかった忍城に着目して作成した「落ちない御守」は、受験生やパイロット、大工、植木職人などに大変好評を博している。また、このお守りを求めて行田市を訪れていただくため、あえて通信販売は行わず市外での購入もできないことも賑わいを生み出そうとする戦略の1つである。

忍城攻めに際し、総大将である石田三成が本陣を構えたのが埼玉古墳群にある丸墓山古墳であり、水攻めのために忍城の周囲を総延長28kmに渡って築いた堤の一部が「石田堤」として現存することもあり、そうした戦国時代の関連施設を回る観光モデルコースも設定している。

忍城と甲冑隊

また、映画の主演が縁となり、狂言師である野村万斎氏と父親で人間国宝でもある野村万作氏には、2014年から毎年行田公演を開催いただいており、市民の文化・教養の向上にも還元されている。

(2) 田んぼアート

青森県田舎館村が発祥で、全国の自治体で行われている異なる色の稲で田んぼに絵を描く「田んぼアート」にも、行田市では2008年（平成20年）から取り組んでいる。前述した、行田（古代）蓮を保存し多くの方にご覧いただくために、ふるさと創生事業の一貫として整備した「古代蓮の里」という公園がある。そして公園内には先々代の市長がつくった50mの展望タワーがあるのだが、起伏のない関東平野の真ん中にあって、展望タワーから見えるのは彼方の山々と眼下に広がる一面の田んぼである。つまり、タワーはこれといって見るものがない無用の長物と化していたのである。そこで閃いたのが、田んぼしか見るものがないのなら、田んぼを見てもらえばいいのではないかということ。せっかく50mの高さから見下ろせる場所があるのだから、有数の穀倉地帯である地の利を活かし、田んぼに巨大な絵

ギネス世界記録®の田んぼアート

を描いて楽しんでもらおう、というまさに逆転の発想である。

最初2、000㎡から始めて、4年目には27、000㎡まで拡大し、絵のクオリティも年々に向上させていき、ついには2015年（平成27年）9月に世界最大の田んぼアートとして、ギネス世界記録（R）に認定されるに至ったのである。

多くのマスコミにも取り上げられたこともあり、その反響はすさまじいものがあった。稲刈りを行うまでの1カ月半で実に5万人以上の方に来場いただき、田んぼアートのまち行田という新たな市の魅力を定着させることができた。

また、田んぼアートの制作作業では、地元の農家の方に協力いただき、また田植えや稲刈りには親子連れなど市内外から多くの方に参加いただくなど、自分たちが携わった作品という思いを持っていただくことも意図している。近年の観光ニーズのキーワードとしても「コト消費」が挙げられているように、モノを買うのではなく、滞在し体験することへの関心が高まっており、今後のインバウンド施策においてもこうした取組みが活用していけるものと考えている。

（3）最も誇るべき地域資源　足袋

行田はまさに「足袋」のまちである。行田の近代以降の発展は「足袋」によるものであると断言できる。かつて200軒以上あった足袋商店や事業所が今や数軒になってしまった現在でも「足袋のまち行田」は、決して忘れてはならない行田の経済・文化の礎である。

足袋は行田を象徴する特産品であり、市内には多くの足袋蔵などの歴史的建造物や風情ある景観が残されている。しかし、古さゆえに都市開発や維持費などの問題から失われていくおそれがある。それには、多くの事情があり、簡単に解決できることでないが、歴史に思いを馳せ、振り返ってみれば、さまざまな歴史的建造物やそれに伴う風景は、何物にも代えがたい自らの地域の誇りであることに気づく。歴史や地域に息づいてきた記憶を喪失したまちに未来はない。

2015年（平成27年）3月には、市の郷土博物館が所有する、その当時使用していた足袋の製造用具と製品、4,971点が「国登録有形民俗文化財」に登録された。また、昨年7月には、行田の老舗足袋メーカーがマラソンシューズの開発という新たな事業に奮闘する姿を描いた小説「陸王」が刊行され、今年の秋にはテレビドラマ放映も決定された。稀代のヒットメーカーである池井戸潤氏の手による小説であり、「のぼうの城」の映画公開から4年足らずで、さらに大きなチャンスがめぐってきたのである。

地方創生の流れの中で、行田のアイデンティティである「足袋」を、今一度見直し、市内に多く残されている足袋

足袋・足袋蔵

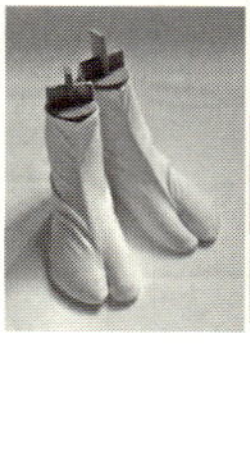

蔵などの歴史的建造物の活用や街並づくりとも併せて取り組み始めた矢先のことである。小説の題材として取り上げられることは偶然でしかないかもしれないが、そもそもそうした歴史・資源がなければありえないことであり、郷土の特色や個性が息づいているまちであることを市民とともに認識し、こうしたチャンスをまち賑わいの創出に最大限に活用しなければならない。

最近では、若い経営者が新しい感性で柄足袋を作り、海外への事業展開を進める企業も出てきており、そうしたチャレンジを後押ししていく必要もある。市内の学校で子どもたちに足袋を履いてもらうことも計画しており、観光、産業振興などあらゆる場面での行田の足袋の歴史的・文化的価値を活用したいと考えている。

4 これからのまちづくりの視点

成熟社会を迎え、心の満足度や生活の質の向上など、真の意味での「豊かさ」が求められる今こそ、〝温故知新〟という言葉にもあるように、郷土の本質と魅力を引き出し、それを活用した新しい時代にふさわしいまちづくりを始めていかなければならない。

今を生きる世代、そして、子や孫の世代がいつまでも同じまちに住み続けたいと思うためには、魅力あるまちづくりが不可欠である。

もちろん、それには、保健・医療の充実や社会福祉の充実、道路・交通の整備など、ひとの「暮らし」を支えるあらゆる面での整備が必要である。しかし、忘れてはならないのが、これまでの歴史で培われてきた私たちが愛してやまない郷土の本質である。

歴史あふれるさまざまな地域資源やまち並み、さらには自然を、ふるさとの風景、そして風土として後世に受け継いでいくために、これからも市民と一緒になって取り組んでいくこと、それが市長としての責任である。

折りしも、市内を横断する秩父鉄道の新駅が開業し、中心市街地には100室規模のホテルも開業する。こうしたことも、地域資源を活用し、人を呼び込む施策に地道に取り組んできた成果のひとつであると考える。

私のまちづくりの将来都市像は「笑顔あふれるまち」。住む人も訪れる人も幸せを感じるまちである。古代から現代へと営みを綿々とつなぎ未来を切り拓くまち行田市の本質を、さらに追い求めていきたい。

2－3

「笑顔で住み続けたいまち、行方」を目指して

茨城県行方市長　鈴木周也

1　行方市の概況

2005（平成17）年9月に麻生町、北浦町、玉造町の3町が合併して誕生した行方市。茨城県の東南部、都心から約70kmの距離に位置し、東は北浦、西は霞ケ浦（西浦）という2つの大きな湖に面している。湖岸の一部は水郷筑波国定公園に指定され、遠くには筑波山や富士山を望むことができる美しい自然景観を有し、さらには、常陸国風土記にも記載があり、いにしえの先人から受け継がれてきた数多くの史跡や文化財が残されている。

また、湖に囲まれ温暖で肥沃な台地は湖岸線も長

行方市位置図

く、農業・畜産業・水産業が盛んな地域で四季を通して60品目以上のさまざまな農畜水産物があり、全国有数の生産量を誇っている。

2 「あるもの探し」を始めよう

当市は合併からの10年間、「自立」を目指して各種施策に取り組んできたが、人口は合併時に比べて約5，000人近く減少している。

地方部において人口減少は避けることのできない道である。しかし、それを悲観するのではなく、ほかにはない「行方ならではの価値」を市民が共有することで、人口が減っても市民が当市に住むことへのさらなる自信や愛着心の向上につながるものと期待している。

そのためには、今までの「ないものねだり」ではなく「あるもの探し」を始め、当市の産業、歴史・文化を徹底的に掘り起こして、独自のストーリーを創り出していくことが大切であると考える。

霞ヶ浦から望む紫峰筑波山

3　あるもの探し　その1「農業」

当市の基幹産業である農業は、肥沃な台地や霞ケ浦など恵まれた環境を生かし、県内2位の産出額を誇っている。

しかしながら、従事者の高齢化により、急激な担い手不足と耕作放棄地の拡大が懸念され、新たな担い手として若者や移住者による新規就農の拡大や後継者の育成が喫緊の課題となっている。また、当市では、この農業をはじめとする一次産業でさまざまな優良素材を生産しているにもかかわらず、地域的に加工・販売の連携力が不足していることから、消費者に対して「見せる」「伝える」という仕組みをうまく作ることができず、ブランド化が進まないことも農業衰退の要因の1つとなっている。

このような現状の中、これらを脱却する鍵の1つとして力を入れているのが、農業の6次産業化である。

2015（平成27）年10月、本市に、『日本の農業をステキにしよう』というテーマのもと「なめがたファーマー

行方台地で盛んなサツマイモ栽培

ズヴィレッジ」が開業した。これはサツマイモの加工品を扱う食品加工会社が主体となり、地元ＪＡ・農業者・行方市が協力した、企業と産地の連携施設である。当該施設は、単に工場でサツマイモを加工・商品化するだけではなく、サツマイモの苗植えや収穫体験ができる農場、学校の再編計画により廃校となった小学校跡地を活用したやきいもミュージアムやお菓子作り体験、農産物直売所、レストランが併設するなど、本市の農業の魅力を「見る」「知る」「体験できる」ことに、こだわりがある。

現在、週末になると市内はもとより県内外からも多くの客がこの施設を訪れ、新たな賑わいが生み出されている。そのような反応が地元の農家に伝わっているのか、少しずつではあるが、農業後継者増加の兆しも見え始めてきた。

ようやく当市の農業が「ビジネス」として動き出し、地域で儲かる仕組みが構築されつつあるが、現状に甘んじることなく、より強く、そして、より誇れる産業としてその地位を確固たるものにしていかなければならない。そのためには、当市が産地としてのブランド力をつけ、付加価値を高めていく必要がある。

当市の農業がこれまで以上に発展することは、この地域の活性化に留まらず、ひいては日本の農業の未来を支える

なめがたファーマーズヴィレッジ

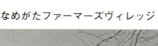

ことにつながると考えている。よって、今後も6次産業化・農商工連携の波に乗ると同時に、当市のPRをさらに推進し、これまでに築いてきた有機的なつながりをうまく活用した、次なるステージを目指していきたい。

4 あるもの探し その2「情報」

近年、各地で多発している自然災害への防災・減災対策の一環として、避難情報など緊急性の高い情報の、より確実な伝達手段の確立が求められている。

当市は、あの東日本大震災で震度6弱を記録し未曾有の被害を受けたが、その爪痕が癒えぬ2013（平成25）年には、台風26号による暴風雨により、河川の氾濫や土砂崩れで多数の家屋や農産物、また、道路をはじめとするインフラの損壊など、市内全域で甚大な被害を受けた。さらに、2014（平成26）年には、記録的な大雪により、園芸施設や養豚施設が積雪で押しつぶされるなどの被害が続けて発生した。

当市では、デジタル防災無線放送を活用して災害情報の伝達を行なっているが、雨風の音で放送が聞こえにくいとの指摘がよくある。また、当市は、航空自衛隊百里基地（茨城空

なめがたファーマーズヴィレッジ俯瞰図

港）に近接しているため、その騒音区域では、防音サッシの影響で放送が聞こえない難聴区域も発生している。

このような現状を考えると、災害等から市民を守り、被害を未然に防ぐためには、現在行っている防災無線放送を補完し、かつ、いち早く災害時情報を市民に届けることができる新しいツールを確立する必要がある。そこで、着目したのが「防災対応型エリア放送」である。

エリア放送とは限られた狭い地域、つまり、行方市内で視聴できる、市民のためのテレビ放送である。ホワイトスペース（地上デジタル放送の空きチャンネル）を利用し、子どもからお年寄りまでの誰もが視聴できるフルセグの放送を行う。

２０１６（平成28）年度から、『なめがたエリアテレビ』の愛称で本格放送を開始した。この取組みは、全国自治体３例目（関東地区初）となる。

市内には高齢者が多いためすべての市民が順応できるのかという懸念はあるが、エリア放送を視聴するために特段必要なことはない。チャンネルさえ合わせれば普段視聴しているテレビ番組と同様に、家庭用テレビで簡単に視聴することができる。万が一、停電によりテレビの電源が落ちてしまった場合でも、携帯電話やスマートフォン、カーナビゲーションシステムなどの端末で情

防災対応型エリア放送の概念図

報を確認することができる。

　視聴範囲を市内全域に拡大していくための整備を現在も進めているが、このエリア放送の導入によって、「防災無線が聞こえない」という問題が解消されるだけでなく、よりタイムリーな情報を簡単に得ることができると期待している。さらには、停電の際も携帯端末などで利用できるので、当市の防災・減災対策の新しいツールとして有効的に機能するものと確信している。

　今後は、災害時に携帯電話等の通信網が使用できなくなった場合も想定していかなければならない。そこで、現在は公衆Wi-Fiスポットの整備も検討している。公衆Wi-Fiは、ICTインフラの中でも災害に強く、地域コミュニティを形成するツールとしても注目されている。

　このほか、エリア放送の汎用性の高さを生かし、平常時は、市政、議会からの広報や、学校、病院、地区の行事などの地域コミュニティ情報、公共交通機関の情報、商店街の情報など、地域に密着した情報を番組として提供を始めている。これらは、「住民参加型」を基本としている。市民が主体となって情報を集発信することで、市民が市政をより身近に感じることができると考える。

　このように、市民の生活、生命、財産を守る情報をいかにして迅速に市民に伝えていくか、また、あらゆる媒体・手段を通して市民が正確に情報を取得することができるか。これらを常に念頭に置きながら、安全安心で暮らしやすいまちづくりを進めている。

5　あるもの探し　その3「市民力」

国では、急速な少子高齢化の進展による人口減少に歯止めをかけ、都市部への過度な人口の集中を避け、地方で住みよい環境を確保していくことを目指して、地方創生が展開されている。その流れを受け、当市も、２０１６（平成28）年に総合戦略書（以下「戦略書」という）を策定した。

本市の戦略書の特徴は、これまでの網羅的な総合計画書を見直し、重点的に進めるべき施策を中心に、先例にとらわれることなく、市民の意見を多く取り入れたところである。また、市民が、市政を「自分事」としてとらえることができるよう、表現方法にも意識をして作成している。

特筆すべきことは、策定のプロセスから、無作為で抽出した市民で構成する「なめがた市民１００人委員会」（以下「１００人委員会」という）が中心となり、市民・議会・行政が三位一体となって、市の課題を考え議論し、これから取り組むべきことを提案し合いながらまとめたことだ。この１００人委員会とは、市民と行政とが当市の課題を一緒に考え、その解決のため、今後10年間でどのようなことを重点的に取り組んでいけばよいかを議論する場として位置づけている。従来どおり、委員を公募や推薦で選出すると、つい同じ顔ぶれになりがちだが、今回の手法であると、行政とまったく接点のなかった人や行政に積極的にかかわりたいという人が集まり、幅広いメンバー構成になった。

この100人委員会では、議論の中心となる重点テーマを決めるために、各委員に当市の課題と強みを徹底的に洗い出してもらい、その後4つの分科会に分かれ、テーマごとに現状把握と取り組むべき施策の議論を行った。

各分科会には外部有識者による進行役（コーディネーター）と論点提示役（ナビゲーター）を置き、市職員も説明役や討論者として加わり全7回の議論を行った。議論を進める上で、「まずはほかの人から出た提案を否定しないこと。そして、どうすればできるかを議論すること」を大方針として、初めて顔を合わせる市民同士が自由闊達に話し合うことができるようにした一方、意見を「言いっぱなし」で終わることがないように、各委員は必ず課題と改善提案策を書き記すようにした。

行方市民100人委員会分科会

当初、市職員は、各委員から市民目線の素朴な質問や意見をぶつけられ、戸惑っていたが、会議を重ねるごとに、市民との対話能力が向上し、一方的に市民を説得するのではなく納得させる話術が身についたことも大きな成果であった。

それでは、ここで、100人委員会が中心となり策定した当市の戦略書の概要を紹介する。

当市の戦略書は、4つの章からなる。

第1章は「将来像」、第2章は「3つの基本理念」、第3章は「5つの重点プロジェクト」。ここでは、当市の課題を解決するために戦略的に取り組むべきことを掲げている。そして、第4章は、戦略書の「成果に磨きをかけるために」として、計画の実行と評価、管理と改善の方法を示している。特に、第2章の「3つの基本理念」は、100人委員会の意見からまとめており、その内容は次のとおりである。

1つ目は、「継続から変革へ」。市民、地域、行政が同じ目線で考え話し合うこと、市民が中心となり自発的な地域活動を活性化させることを目指し、そのためには市民、地域、行政に意識変革が必要であるとしていている。

2つ目は、「みんなが主役のまちづくり」。市民自らが市の現状や課題を知り、解決策を考え議論し、活動できること、つまり地域課題を「自分事」としてとらえることが大事であるとし、そのためには、行政からも情報の共有を図れるよう、さまざまな情報発信をわかりやすく伝えることが重要であるとしている。

3つ目は「身の丈に合った市政運営」。子や孫の世代にできる限り負担を残さない努力をすることで、将来世代が希望の持てるまちづくりを行い、限られた財政規模で質の高い行政サービスを提供できる身の丈に合った仕組みを構築するとしている。

この3つは、当市のみならず、各自治体が持つべき基本理念ではないかと思う。このような基本理念を市民の意見から抽出できたことは、今回100人委員会を開催したことの一番の成果である。

私たち行政の現場では、よく「市民参加」という言葉を使う。自治や地域づくり、行政や議会の動きなどに、市民がもっと積極的にかかわるべきといった意味合いで使いがちであるが、本来、地方自治や地域づくりの主権者は市民である。そもそも参加する、しないのではなく、当市にかかわるすべての人が主役でいなければならない。

総合戦略書を策定して1年が経過したが、計画の策定はあくまでもスタートにすぎない。当市の重点課題を市民全体で共有し、いかにして実行に移していくかが重要である。そのために、今後も、計画策定（Plan）、推進（Do）、点検・評価（Check）、改善（Action）のすべての過程に市民がかかわることができる環境をつくり、市民とともに策定したこの戦略書に基づき、「みんなが主役のまちづくり」を進め、将来像である「笑顔で住み続けたいまち、行方」を創生していきたい。

6　みんなで進めるまちづくり

産業の発展、情報の伝達、まちづくり。これらすべてに、市民は率先して携わり、地域の活性化や情報発信に資していかなければならない。なぜなら、これらは、必ず「人」の力がなければ成しえないことであるからだ。

だから、私はこの「人」を「人材」ではなく「人財＝地域の財産」とあえて呼んでいる。当市では、地域のリーダーを育成するための「地域プロデューサー人財塾」やエリア放送などの情報発信力を向上するための「地域メディアプロデューサー育成講座」などを実施している。これらの講座には、小・中・高生、地域住民や市職員など、幅広い年代や職種の者が参加をしている。

私は当市の魅力を一番よく知っているのは市民だと思っている。しかし、普段目の前に広がる風景や文化などはあまりにも「日常」すぎて、当たり前に映ってしまう。そのため、なかなかその魅力に気づかない。だから当市の魅力を問われても、「何もない」と答えてしまうのである。

「何もない」のではなく「何でもある」。これからは市民にそのことを気づかせる取組みが必要である。自らの地域を知り、そして、その良さに気づくことで、当市の魅力を市内外に広く発信することができる。市民一人ひとりが、地道にそうすることで、当市が魅力ある地域として認知度が向上するのではないだろうか。

地域活性化のためには、「ヒト」、「モノ」、「カネ」、そして「情報」が地域を循環することが必須である。一部の市民、地域だけが行政とかかわりを持つのではなく、より多くの市民が利益を享受できる「全体最適」のまちづくりを進めていかなければならない。

合併から10年を超え、行方市はひとつの市として、さまざまな変化と向き合い進展してきた。これから先の時代は、行政の英知と力量が一層試される時代になると覚悟している。当市は、都市部と違って、公共交通や娯楽・買い物の場が少なく、一見不便に見えるかもしれない。しかし、私たち目の前には都市部と違う、ここ行方市にしかない魅力が広がっている。

これからのまちづくりは、「行方らしい価値観」を市民と共有することで、未来を担う子どもたちが地元への愛着心と誇りを持つことができるように育む「人財育成」が重要である。地元への愛着心と誇りを持った子どもたちが、進学などで地元を離れても、安心してUターンできるように、雇用があり、結婚・妊娠・出産・子育ての希望を叶えることができる、そのようなまちをつくっていきたい。

２－４

「みんなが住みたい素敵なまち」の実現に向けて

茨城県稲敷市長　田口久克

稲敷市は、茨城県稲敷郡の江戸崎町、新利根町、桜川村、東町の４町村が合併し、２００５年３月に誕生した市である。本市の面積は２０５・78㎢で、東西に約23㎞、南北に約14㎞と、横に細長い形状をしている。位置としては、茨城県の南部、都心から50㎞圏にあり、国際的な研究学園都市「つくば」、世界への玄関口「成田」の中間に位置し、これらの各都市とは首都圏中央連絡自動車道で結ばれている。産業としては、農業が盛んな地域であり、「ミルキークイーン」などの稲作をはじめ、先に地理的表示保護制度（ＧＩ）に登録された「江戸崎かぼちゃ」や茨城県の銘柄産地に認定された「浮島れんこん」などが有名である。いわゆる都心に近い自然豊かなまちである。

稲敷市におけるまちづくりについて紹介する前に、私がまちづくりで一番大切にしていることを述べる。それは、市民が何を望み、市民が何を考えているかを知るために、「市民と話し合いをすること」である。なぜならば、市民と一緒に考え、行政と市民が一体となってまちづくりを進めることが重要だからである。

それでは、稲敷市のまちづくりについて実例を交えながら紹介したい。

1　人口減少対策

現在、稲敷市における最大の課題は人口減少問題である。

２０１４年５月、日本創生会議が発表した「消滅可能性都市」がメディアで大きく取り上げられた。消滅可能性都市とは、20～39歳の女性の人口が、２０１０年から30年間で50％以上減少すると推計される自治体を指し、将来消滅するおそれがあるとされている。残念なことに、稲敷市は消滅可能性都市に挙げられ、若年女性の減少率は県内で５番目に高い数値であった。

稲敷市における人口減少の現状だが、合併時点では５万人いた人口が、２０１７年３月１日現在の常住人口でみると、４１，９０６人となっており、10年間で約８千人が減少している。また、この20年間で、５人に１人であった子供の数が10人に１人に、７人に１人であった高齢者が４人に１人になるなど、人口減少とともに、少子高齢化も著しく進展している。さらに、社会を支える働く世代（生産年齢人口）も減少している。特に、20代～30代前半が大きく減少している。その理由について調べると、20代～30代前半は社会減が主な理由であり、その内訳は進学、就職、結婚、育児などをきっかけとした転出によるものと推測される。また、65歳以上が大きく減少しており、減少の主な理由は、死亡による自然減である。

また、人口減少と併せて、晩婚化や未婚化についても進んでいる。特に近年、30代後半の男性および、30代前半の女性の晩婚化・未婚化の傾向が強くなっている。また、婚姻件数に対して1／3から1／2の割合で離婚が発生しており、国や県よりも高い数値であることも報告されている。

このような厳しい状況を打開するため、2014年6月に部長級と若手職員からなる人口減少対策プロジェクトチームを発足させ、その対策について協議を進めた。その結果、2015年3月に、「雇用」「居住」「子育て・教育」「情報発信」を4つの柱とした「いなしきに住みたくなっちゃう♡プラン」を策定した。2015年度には人口減少対策室を新たに設置し、2015年10月には、「いなしきに住みたくなっちゃう♡プラン」をベースに、まち・ひと・しごと創生法に位置づけられる地方版総合戦略「いなしきに住みたくなっちゃう♡プラン～稲敷市まち・ひと・しごと創生人口ビジョン・総合戦略」を県内第1号として策定した。

さらに、総合戦略策定の翌年度にあたる2016年度の当初予算には、総合戦略に掲げた88事業のうち、約7割の事業を計上し、雇用、移住定住、子育て、シティプロモーションの4つの基本目標の達成に向けて、本格的な地方創生への取組みをスタートさせた。

人口減少問題は待ったなしの課題である。稲敷市では、早急に人口減少対策プランを策定するとともに、実現に向けた予算を確保し、いち早く対策を講じた。総合戦略に定めた2060年の目標人口、32,000人の達成に向け積極的にこの問題に立ち向かっていきたいと考えている。
以下に、総合戦略に掲げた重点プロジェクトを紹介する。

① 本社を移転するなら稲敷市プロジェクト
最大3、000万円の補助、法人市民税の免除など魅力あふれる優遇制度で本社移転を推進する。

② 稲敷ライスミルクプロジェクト
米の本場稲敷市から日本初「生ライスミルク」誕生を支援する。

③ 稲敷市版三世代同居・近居プロジェクト
敷地内同居・近居マイホームに最大140万円補助する。また孫育て講座を開催する。

④ 稲敷市妊活応援プロジェクト
夫婦の約1割が不妊症と言われる現代に県内一の助成制度で応援する。

⑤ 稲敷市ずっと子育て応援プロジェクト
赤ちゃん誕生から大学卒業まで22年間、手厚い支援を行う。

⑥ いいな！　稲敷プロモーションプロジェクト
みんなが大好きな稲敷市を積極的にプロモーションする。

2　圏央道による地域活性化

皆さんは、圏央道を利用したことはありますか？

圏央道とは、首都圏中央連絡自動車道の略で、都心から半径およそ40km〜60kmの位置に計画された、延長約300kmの高速道路である。圏央道は、横浜、厚木、八王子、川越、つくば、成田、木更津などの都市を連絡し、東京湾アクアライン、東京外かく環状道路などと一体となって首都圏の広域的な幹線道路網を形成する、首都圏3環状道路の一番外側に位置する環状道路である。

稲敷市内では、圏央道稲敷インターチェンジが2009年3月に、2014年4月には稲敷東インターチェンジが開通し、年々交通量が増加している。

圏央道は、2015年6月に東関東自動車道へ接続され、さらに2017年2月には茨城県内の全区間が供用開始となった。これにより稲敷市が主要高速道路と結ばれ、利便性が飛躍的に向上した。稲敷市では、かねてから、圏央道の開通効果を活かしたまちづくりに力を入れており、人口減少対策の起爆剤として、大きな期待を寄せている。

(1)　企業誘致

人口減少対策の1つである雇用について、市では魅力ある雇用の場を創出するため、企業の本社機能移転を積極的に誘致していこうと、全国でもトップクラスの税の優遇措置や補助金制度など、企業立地に対する支援策を充実させている。

特に、圏央道稲敷インター近くの江戸崎工業団地では企業誘致が進んでいる。２０１７年3月現在、６社が立地、または操業に向けて準備をしている状況であり、いずれも稲敷インターに近く、利便性が高いことが、立地の大きな要因となったようである。

圏央道の整備は稲敷市にとって大きな強みである。強みを生かし、また、支援策を充実させることで、今後も積極的に企業誘致に取り組むとともに、さらなる受け皿整備として、工業開発についても検討を進めていきたい。

⑵ 工業開発に向けて

現在、下君山・松山地区の工業団地開発事業への取り組みを進めている。合併前の江戸崎町時代に、民間事業者による大規模住宅団地整備事業が進められていた土地があったが、都市計画法の改正などにより事業を断念せざるを得ない状況となり、長年の懸案事項となっていた。

これまで、茨城県や開発公社などと勉強会を立ち上げ、工業開発の可能性を調査していたが、２０１５年度、民間事業者が保有していた土地約30ヘクタールを無償で譲り受けたことから、事業化を図るための作業に着手した。まずは、未買収地があることから、企業誘致推進室の人員を増やし、同意の取り付けを行っているところである。また、事業化に向けては、茨城県の協力を得ながら取り組んでいきたいと考えている。

3　シティプロモーションの推進

人口減少対策の柱の1つであるシティプロモーションは、2016年4月にシティプロモーション推進室を設置し、まず推進体制を整備した。その後、2016年11月に、茨城県広報監の意見や、市若手職員のワーキングチームによる事業提案を踏まえて、稲敷市のシティプロモーションに関する基本的な方向性と具体的な取組み内容を示した「稲敷市シティプロモーションアクションプラン」を策定した。

このアクションプランでは、市のプロモーションに関する基本的な方向性を「市に関係する人々に情報発信を行うことで、稲敷市に誇りや愛着を持ってもらい、稲敷市を好きだ。と言う人を増やすこと」に定め、市外ではなく、まずは、市内に向け情報発信を行っていくこととした。

具体的には、市の広報誌における郷土愛を醸成する特集記事の掲載や、2019年茨城国体の市内開催競技であるトランポリンを活用したまちづくりなど、各種事業に取り組んでいくこととしている。また、全庁的なシティプロモーション推進体制を整備し、稲敷市の職員一人ひとりが広報マンとして情報発信できるような体制づくりも進めていく。

シティプロモーションの取組みは、一朝一夕で効果が出るものではない。取組みを継続することで、稲敷市に住む人、訪れる人、まちづくりを一緒にしてくれる人を増やしていきたいと考えている。そして、稲敷市を大好きだと思ってもらえるよう、各種事業を展開したい。

4 地域おこし協力隊

続いて、地域おこし協力隊について紹介したい。地域おこし協力隊とは、人口減少や高齢化などの進行が著しい地方において、地域協力活動を行い、その定住・定着を図ることで、地域力の維持強化を図っていくことを目的とした総務省の制度である。

先に述べたとおり、稲敷市において人口減少対策は大きな取組み課題であり、稲敷市では、2015年5月から4名、2016年4月から3名の合計7名が、地域おこし協力隊員として地域を元気にする活動に取り組んでいる。稲敷市での活動内容を紹介する。

(1) 移住定住ツアーの開催

移住に興味のある方に、稲敷市のことをよく知ってもらうため、稲敷の暮らしを体験してもらう日帰りツアーを2017年2月に開催した。当日は、13名の方が参加し、実際にUターンした方の話を聞いたり、サイクリングや散歩をしたり、存分に稲敷の雰囲気を味わっていただいた。

（2）いなしき空き家再生プロジェクト

田舎暮らしに興味を持つ市内外の方に参加していただき、ワークショップ形式で市内の空き家を改修した。完成した空き家は「haneyasume（はねやすめ）」と命名され、２０１６年11月より、稲敷の暮らしを体験できるお試し住宅として貸出しを開始した。

貸出し開始以来、宿泊やイベントなどで利用されている。「haneyasume（はねやすめ）」が、稲敷市をより好きになるきっかけとなり、移住定住へとつながることを期待している。

移住定住ツアーの模様

haneyasume 外観

（3）マスコットキャラクター「稲敷いなのすけ」による稲敷市のPR活動

「いなのすけ」は２０１６年度のゆるキャラグランプリにおいて、約1、４００体のうち全国１３８位、県内では2位となった。２０１５年度は全国３７５位で県内7位だったので大躍進である。

これは、いなのすけがいろいろなイベントなどに出演し、ファンを増やした結果であると大変うれしく思っている。

現在、全国的に地方創生に取り組んでいるため、今後ますます自治体間競争が激化してくるであろう。当然、他自治体と同じことをしていては、なかなか目標人口（２０６０年の人口を３２，０００人）を達成することができないと考えている。他地域との違いを生み出せる人たち、それが「地域おこし協力隊」ではないかと期待している。

稲敷 いなのすけ

５ 公共施設利活用

次に、公共施設の再編についてお話ししたい。

２００５年３月の合併以来、稲敷市では、定員管理による職員削減など、厳しい財政状況を見据えた行財政の合理化・効率化に取り組んできた。

市では、２０１６年５月の新庁舎開庁と併せて、公共施設の再編に取り組み、さらなる行財政改革を進めている。それでは、稲敷市における新庁舎建設と公共施設再編についてご紹介する。

（1）新庁舎建設

これまで稲敷市は、合併前の各町村の庁舎を利用し、総務部と政策調整部は江戸崎庁舎、教育委員会と保健福祉部は新利根庁舎、市民生活部は桜川庁舎、産業建設部は東庁舎と、部局が庁舎によって分かれる分庁舎方式を採用していた。そのため、相談内容によっては、市民の皆様が複数の庁舎を訪れる必要がある上に、課同士の打ち合わせなども庁舎間を移動して行うなど、とても非効率的であったことから、新庁舎の建設は稲敷市における最大の懸案事項であった。2007年から庁舎建設の準備を進め、震災によって想定より遅れるなどしたが、2016年3月、県立高校であった旧江戸崎西高校跡地に新庁舎が完成し、2016年5月6日に開庁することができた。

新庁舎の特徴として、施設の面では、エレベーターの完備をはじめ、多目的トイレの各階設置など、いろいろな方に利用しやすい庁舎になった。また、LED照明の採用や、太陽光発電施設の設置、トイレの雨水利用など、環境に配慮した建物になっている。

さらに、東日本大震災での教訓を踏まえ、庁舎が市民の安心・安全を守るための防災拠点として機能するように整備している。具体的には、大規模な地震が発生しても耐えられる

新庁舎外観

よう免震構造を採用したほか、「いなほ消防署」と隣接していることで、災害時の連携強化が図られた。

その他には、庁舎に訪れた皆様への利便性を向上させるための工夫もしている。まず、正面玄関に総合案内を配置し、来庁者の案内ができるようにしたほか、市内NPO法人による、障がいのある方の社会参加を支援するためのカフェ「ほっとカフェあゆみ」を正面玄関で営業いただき、来庁者がくつろげるスペースを提供している。さらに、1階エレベーター付近には、「いなしきミッケ」という、来庁者向けの情報発信スペースを設け、国の天然記念物として指定されている渡り鳥のオオヒシクイやカナダとの姉妹都市交流に関する展示のほか、身体障害者福祉協議会による売店などが設置されている。

このように新庁舎では、訪れた市民の皆様への利便性を向上させるとともに、災害時の防災拠点としての機能強化を図り、また、稲敷市を知っていただくスペースを設けることで、市民の皆様が安全安心に暮らし、ご利用いただける施設として整備ができたと考えている。新庁舎の完成により、市民サービスをさらに充実させていかなければいけないと感じている。

(2) 支所・地区センターの整備

新庁舎の開庁と併せて、これまで各庁舎をご利用いただいていた市民の皆様の利便性を確保することも非常に重要であることから、市内各地区の支所や地区センターなどの整備を進めている。支所や地区センターの機能については、窓口機能として諸証明を交付するほか、場所によって、公民館機能、保健センター機能や子育て支援機能を併せ持つ複合施設として整備している。完成後は、市民の皆様に、大いにご活用いただきたいと考えている。

（3）小学校の適正配置

市立の小中学校も同様に公共施設である。稲敷市内では、少子化の進展により、児童数・生徒数の減少とともに、多くの小中学校でクラス数が減少し、学校によっては複式学級も発生している。

そこで、稲敷市では、子どもたちにより良い教育環境を提供するため、２０１０年3月に「学校再編整備実施計画」を策定し、市内４地区の小学校の再編を進めている。

各地区によって再編の年次、方法が異なるが、計画策定当時16校あった小学校が、２０１７年3月末現在、10校にまで再編が進んでいる。さらに再編を進めるべき学校についても、地域住民や保護者と協議を進めている状況である。学校再編には地域住民や保護者の理解が不可欠であるので、子どもたちの教育環境向上のため、今後も各方面のご理解とご協力を得ながら学校の適正配置を進めていきたい。

（4）空き公共施設の有効利用について

統合によって使用されなくなった公共施設を、どう利活用していくかは、各自治体にとって大きな問題である。

稲敷市では、２０１５年3月に一般社団法人ＴＷマネジメントと、２０１５年4月には学校法人タイケン学園（通信制スポーツ学校）と連携協定を締結し、空き公共施設の有効利用を進めてきた。

ＴＷマネジメントとの協定は、廃校となった小学校を改修し、野菜工場とするもので、既に稼働を始めている。また、災害時等には避難場所としても活用できるという、既存施設が持っていた機能も残している。２０１５年8月には、フィンランド大使館の上席商務官が現地を視察し、野菜工場の技術をフィンランドへ輸出できないかという話もあり、その将来性に期待を寄せている。さらに、２０１５年10月には、筑波大学と常陽銀行を加えた「産官学金」の４者連携協定を締結し、地元産の米を原料とする「生ライスミルク」について、２０１７年度の商品化を目指し、研究・開発を進めている。

次に、タイケン学園との協定では、市の旧保健センターや、市内ゴルフクラブの旧社員寮を改修して、ゴルフ部の寮や練習・宿泊の拠点としている。稲敷市はゴルフ場が多く立地しており、市内で練習を積み重ねたゴルファーが、プロ選手やオリンピック選手として育つことを期待している。ゴルフを中心としたスポーツ教育の振興を通して、市の活性化を図っていきたいと考えている。

6　稲敷市のこれからの方向性と具体的な取組み

稲敷市におけるまちづくりの取組みについて紹介してきた。最後に、今後の稲敷市をどう考えるかについても述べたい。

稲敷市は、人口減少や少子高齢化の著しい状況が続いている。この傾向が長期化すれば、稲敷市の活力が低下するばかりでなく、地域社会の存続すら危ぶまれる深刻な状況に陥ることが想定され、稲敷市のまちづくりは大きな転換期を迎えている。

これからは、霞ヶ浦をはじめとした豊かな自然環境や、圏央道が開通した地域のポテンシャルを活かし、市民一人ひとりが主役となって、また、行政は総力をあげて、持続可能なまちづくりを進めていくことが重要であると考えている。

私は、稲敷の風景、稲敷の暮らし、そして、稲敷に住む「人」と「心」が大好きである。だからこそ、稲敷市が将来像として掲げている「みんなが住みたい素敵なまち」になるよう、稲敷市にかかわるすべての人と一体となって、大切に育てていきたいと考えている。

２－５

かわち革命・消滅可能性都市からの挑戦
－人のやらないことをしないと小さな町は生き残れない！－

茨城県河内町長　雑賀正光

１　河内町の現状

日本の総人口は、２００８（平成20）年をピークに減少局面に入った。人口減少社会の訪れと、平均寿命の延伸および団塊世代が高齢期を迎えたことによる影響などにより、今後さらなる高齢化社会へと進展していくであろう。総人口に占める高齢者（65歳以上）の割合は、２０１０（平成22）年の約23％から、２０４０（平成52）年には約36％まで増加すると思われる。

人口の減少や超高齢化社会の到来は、国内需要や労働力の減少だけにとどまらず、地域活力の低下による経済規模の縮小、地域コミュニティの崩壊、医療や年金といった社会保障費の増加、国や地方公共団体の財政悪化による社会生活基盤の劣化など、日本社会のあらゆる分野に悪影響を及ぼす。

人口の減少は当町でも例外ではなく、平成7年の11，720人を近年のピークに、2015（平成27）年には9，200人を割り込み、今後もさらに減少していくものと思われる。また、総人口に占める65歳以上の割合を示す高齢化率は、1995（平成7）年では18・7％であったものが2015（平成27）年には34・3％となり、全国平均の26・7％、茨城県平均の26・5％のいずれをも大きく上回っている。

このような状況下で当町は、2010（平成22）年の国勢調査の数値をもとに、日本創成会議が公表した「消滅可能性都市」896市町村の中の1つに位置づけられてしまった。さらに同会議が示した指標では、2010（平成22）年からの30年間で、20〜39歳の女性人口の減少率は66・1％と県内ワースト3位となっている。まさに当町の未来は、消滅してしまう可能性が高い危機的状況

人口と世帯数の推移

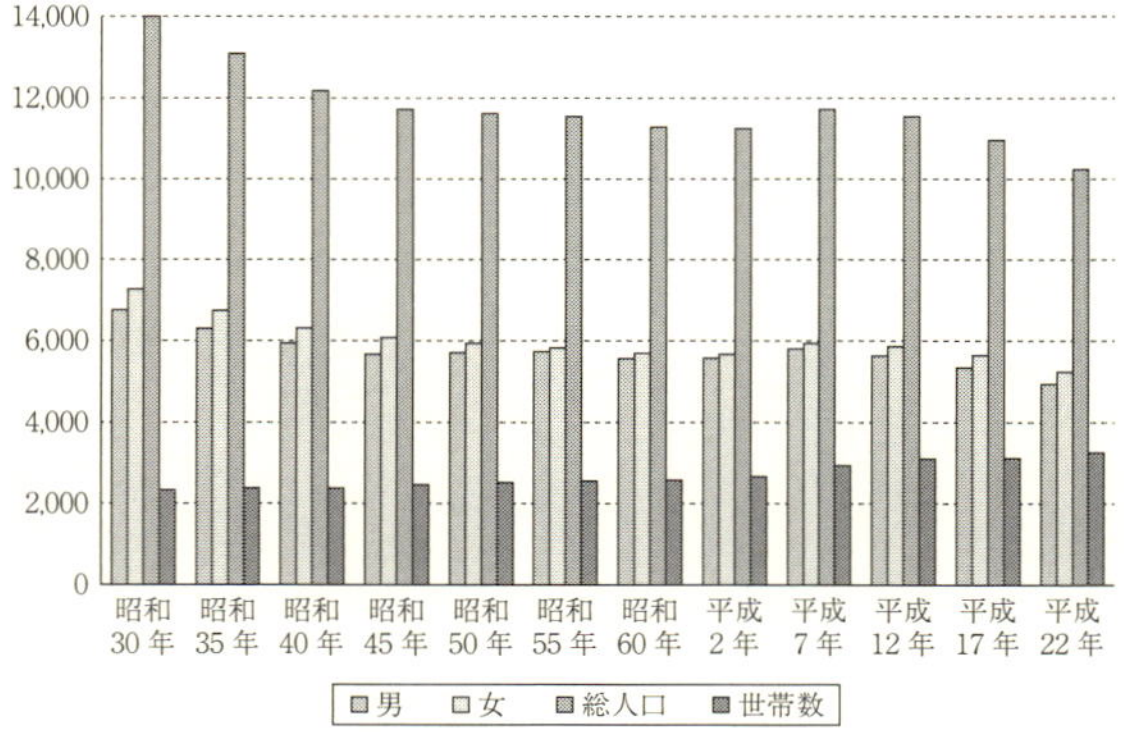

資料：河内町総合戦略2017年版。

であるといえる。

2 河内町の特徴

河内町は、茨城県の南端、首都東京から直線距離で約50㎞に位置し、東は稲敷市に、西は龍ケ崎市と利根町に接し、南は利根川を介して千葉県成田市などと接している。面積は44・30㎢で、南北に2・8㎞、東西に19・2㎞と東西に長く、町の南側は利根川、北側には新利根川が平行して流れ、水田地帯の中に集落が点在し、また水田の中を用排水路が縦横に走るといった美しい景観を形成している。平均海抜は3・5mとほとんど起伏がなく、県内でも有数の穀倉地帯である。

当町は、1955（昭和30）年に生板村、源清田村、長竿村が合併し、その後、1958（昭和33）年に金江津村を編入してできた町（編入当時は河内村）で、町内には小学校4校、中学校2校があった。しかし、近年の少子化にともなう児童生徒数の減少により、既存の小中学校を1カ所に統合した小中一貫校が町の中央部である長竿地区に建設され、2017（平成29）年4月から中学校が、2018（平成30）年4月

かわち学園（小中一貫校）

には小学校が開校し、小中一貫の義務教育学校としてスタートする。新設された一貫校の校舎の内装には木材をふんだんに使って温かみを出し、隣接する「水と緑のふれあい公園」と一体となるよう整備を行った。

公園や学校周辺には桜や花桃などを植え、花の咲く季節には桃源郷のようにしていくことで、子供たちが都会にはない自然の中で、すくすくと育つことができる教育の聖地にしていきたいと考えている。

3 かわち学園

校舎のエントランスホールには、絵画と校歌の書が飾られている。この絵画は、日本画家の藤島博文先生の作品で、作品の題名は「鳳雛世界の空へ」という。この学園で学んだ子供たちが世界の空へ飛び立つイメージで書いていただいた。校歌の書は、書道家の秋山和也先生（河内町在住）の作品である。また、校舎内の吹き抜けにはシンボルツリーを設置した。これは、現教育長である大野繁さん宅の重さ6t、樹齢300年のけやきの木をいただいたもの

日本画家　藤島博文先生作
「鳳雛世界の空へ」

で、かわち学園の子供たちが、この木のように大きく立派に育って欲しいという願いが込められている。

校章は、河内町の象徴である「ひばり」と「稲穂」をデザインしたもので、当町の小学1年生の児童の作品である。今後、この校章が町全体の統合のシンボルになればと思っている。そのほか、この一貫校では、2018（平成30）年度から自校給食を予定している。学校周辺の田畑で栽培された作物を自分たちで盛り付けて食べるということを体験することで、命の源である食育にも力を入れたいと思っている。

かわち学園　シンボルツリー

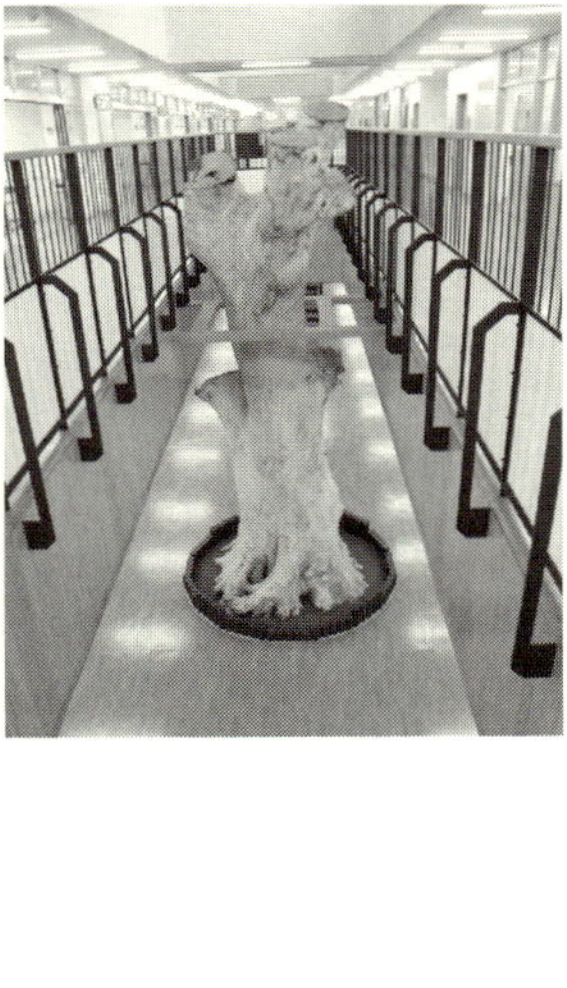

小中学校を統合したことで、一貫した教育システムを構築することができるため、地域の歴史教育をとおして郷土愛の醸成を目的とした「かわち学」の導入や、英語教育などの独自教育課程を実施することが可能になる。

現在、英語教育については中学2年生を対象に、ハワイの2つの中学校と交流事業を行っており、今年で3年目を迎える。

また、体育祭や文化祭といった学校行事などには、周辺住民などが自ずと集まってくることから、小中一貫校は教育の場だけではなく学校関係者や保護者、地域の人々のコミュニティの場としても活用が期待されるので、地域コミュニティの核となるよう今後も周辺の環境整備を検討していきたいと考えている。

4　ひと　しごと　まち創生総合戦略

当町では2015（平成27）年度において、国が示す「まち　ひと　しごと　創生総合戦略」に沿って、「しごと」が「ひと」を呼び、「ひと」が「しごと」を呼ぶ好循環の確立や活気と魅力あふれる「まち」づくりを推進するための「まち・ひと・しごと創生　河内町総合戦略」を策定した。

また、2016（平成28）年度には、第5次河内町総合計画を策定した。計画では「まち・ひと・しごと創生　河内町総合戦略」を基礎として、河内町が20年先、30年先においても消滅することのないよう、町独自の展開・発展をもたらすべき「10年後のあるべき姿」である基本構想を、あわせて、5年後の到達点である基本計画と実行のための実施計画（アクションプラン）も策定している。

町民一人ひとりが未来に向かって輝けるまちづくりに向けた総合計画とするため、策定にあたっては、基本構想決定および町の状況を分析するために河内町のSWOT分析を行った。SWOT分析は、S：強み（Strengths）、W：弱み（Weaknesses）、O：機会（Opportunities）、T：脅威（Threats）の4つのカテゴリーごとにそれぞれ要因を分析し、環境変化に対応した町資源の最適活用を図るための事業戦略策定方法の1つである。

そして、町の基本理念、住民アンケート調査結果ならびに町の課題とＳＷＯＴ分析の結果を踏まえて、理念実現に向け３つの基本戦略を策定した。基本戦略策定にあたっては、町の資源といえる「強み」で施策実施への追い風になる機会を捉える一方、町の弱点である「弱み」では、その「弱み」を克服し、脅威に備えることを軸に考えた。

一つ目の戦略としては、東京都心から車で1時間半、成田空港からは30分という立地の良さを活かすことと、一貫校開校にともなって廃校となる5校の校舎およびグラウンドを利活用することである。町の試算によると、廃校舎の1年間の維持経費は、建物や樹木の管理など約1千万円に上る見込みである。今後の維持費や建物の経年劣化を考えると、一刻も早く利活用していかなければならないため、教育委員と議会議員で構成する「小中学校再利活用審議委員会」を立ち上げ、具体的な活用方法について検討を進めている。

都心部では十分な敷地確保が困難であり、また新築ではコスト増加要因になることから既存建物のリノベーションが注目されている。この流れをチャンスと捉え、これまでの児童生徒を対象にした教育用の学校施設から、例えば専門学校や職業訓練学校、あるいは健常者と障がい者が共に利用できるスポーツ施設など、幅広い層が多目的に使用できる廃校の再利活用を目指している。また、新しい学校の開設にともない、新たな人口の流入や雇用機会の増加といった効果も期待できる。

すでに町は、２０１２（平成24）年4月にみずほ小学校に統合されて廃校となっていた旧長竿小学校を、２０１６（平成28）年度からチョウザメの養殖事業者に貸付けしており、町の新しい特産品としての期待とともに町の観光施設としても期待される。

5　米ゲル工場

また、10年前に廃止になった学校給食センターは、米を原料とした「米ゲル」という新しい食材を大量生産する工場として再利用することを目的とした事業計画書（「廃止された河内町給食センターを利用した「米ゲル」大量生産プラントの開発・設置・実証実験事業」）を内閣府に提出したところ、「まち・ひと・しごと創生法」に基づき策定された地方版総合戦略に位置づけられた先駆性のある取組みとして認められたことから、地方創生加速化交付金の承認を受け、地元の生産組合等が出資して設立した米ゲル生産販売会社＝ライステクノロジーかわち株式会社が借り受け、再利用されている。

ライステクノロジーかわち株式会社は、米ゲルを世界で初めて大量生産し、商品化、販売することを目的に設立された「米ゲル」に特化した株式会社であり、さまざまな商品の食材としての可能性を秘めた米ゲルの大量生産の実証実験プラントおよびテストキッチンを備えている。

米ゲル工場（旧学校給食センター）

「米ゲル」の量産化工場は、現時点では世界のどこにもなく、この新しい加工技術を導入した工場が河内町に設置されたことで、全国から工場見学など多くの視察団が訪れるものと考えている。米作を中心とした農業が基幹産業である当町において、米の高付加価値化により農業所得が向上することで離農者も減少するものと思われる。また、新規産業による雇用の増加も見込める。なお、この「米ゲル」の詳しい内容は、次の戦略の中で説明したいと思う。

6　長竿亭

さらには、2011（平成23）年に町に寄贈された築100年を超える古民家を「町に寄贈された古民家を活用した情報発信拠点及び地域産品レストランを中心とした「小さな拠点」事業」として、旧給食センターと同様に国の地方創生加速化交付金の承認を受けて再生させた。再生された古民家には、町の情報館、コミュニティスペースならびに6次化産品および河内産米を原料とした米ゲル産品を提供する食堂が併設され、町の小さな拠点として活用が図られている。

寄贈された古民家は、2,500㎡の敷地に土蔵と昔ながらの門戸があり、家主であった長竿家は、代々この地域の名主としていろいろな要職に就かれたほか、1928（昭和3）年の天皇即位式の際には茨城県名望家として大礼記念賞を受賞されている。この建物は、大正時代に建て替えられたものであるが、土間と田の字の平面構成など日本の伝統的な民家スタイルをよく残している。

しかしながら、空き家となって約10年が過ぎてから寄贈されたこともあり、建物がひどく老朽化していたことから解体も含めて検討していたところ、民間事業者の方からこの古民家を活用して飲食店を行いたいとの申し出があった。町に提案された事業計画について検討したところ、同交付金計画の中に組み入れることが可能であったことから、官民協働による地域活性化施設整備事業として旧家「長竿邸」からまちの小さな拠点「長竿亭」として再生された。

庭についても、地元ボランティアの方々の手により、もともとの庭園の姿を残した昔ながらの古民家で四季折々の変化を楽しみながら食事ができるよう、現在も植栽などの整備が進められている。

この長竿亭、昼は本格手打ちそばが食べられることもあり、連日にぎわいを見せている。夜は予約制ではあるが、季節ごとの素材を活かした懐石料理を堪能することができる。河内町にお越しの際にはぜひお立ち寄りいただきたい。

これらの事業から生まれたそれぞれの施設を「小さな拠点」として整備をしていくことで、町の活性化につなげてい

まちの小さな拠点　長竿亭（旧長竿邸）

きたいと考えているが、これら「小さな拠点」はあくまでも一つの点であり、個々の集客力や情報発信力には限界がある。この個々の「小さな拠点」をつなげていくことで線として、やがては面としてのネットワーク化を図っていくことで、それぞれの相乗効果により大きな情報発信力や連携事業等の実施が可能になると考えられる。

これまでに紹介した小中一貫校、米ゲル工場および長竿亭は、町の中央部の長竿地区に位置し互いが近くにあることから、これらの施設を紹介する「河内町長竿地区まち歩きマップ」を作成した。「まち歩きマップ」は、昔ながらの風情のある小道や日本独自の平垣や生垣など町内に今も残るどこか懐かしく思える風景を歩いて行きながら、それぞれの「小さな拠点」を訪れていくという構成になっている。

今後も町内の各地区の「小さな拠点」の整備を進めていくとともに、各地区ごとの「まち歩きマップ」を作成していくことで、当町に残っている素晴らしい風情や人のぬくもりが感じられる場所を広くＰＲすることができるものと考えている。

7　農地活用

続いて２つ目の戦略は、肥沃で平坦な地形でどこまでも続く広大な農地（水田）を活用することで地方創生を積極的に推進することを目的に、米を使った革新的新素材＝米ゲルの開発を町として全面的に支援していくことである。

米ゲルとは、つくば市にある国立研究開発法人 農業・食品産業技術総合研究機構（農研機構）で研究・開発された新しい食品素材で、同研究所の杉山主席研究員（当時）のもとさまざまな試作品、物性テストが行われてきたものであり、原料である高アミロース米（私たちが主食として食べているのは中アミロース米）を製粉せずに粒のまま水を加えて糊化（炊飯）させ、高速せん断攪拌を施す（ダイレクトGel転換）ことにより生成される。

この、米ゲルの特徴は、保水性が非常に高く水分量等を調整することで、やわらかいゼリーから、高弾性のゴム状のものまで、幅広い物性の生成が可能であるため、プリン、ムース、クリーム、パイ等の多様な食品の製造ができることである。

例えば、シュークリームのシューとクリームの原料の小麦粉を、すべて米ゲルに置き換えることも可能である。さまざまに物性を制御できることから、卵、油脂等の使用量を減らした洋菓子類も製造できるので、低カロリー食品の開発も可能となり、食品添加物の代替品やアレルギー対策品としての可能性も十分期待できる。

米ゲルの量産化、商品開発事業の効果としては、当町の農産物等を活用した独自の6次産業化とあわせて高付加価値商品を開発していくことで町および町産品のPRはもとより、新たな産業として雇用の機会が生まれるとともに農家の安定収入につながるものとして期待している。

8　公共交通機関の整備

３つ目の戦略は、当町の弱みである公共交通機関の整備不足から起因する通学・通園、買物、病院への通院といった住民が日常生活の中で不便さを感じていることを可能な限り解消することである。

当町でも、今後確実視されるさらなる高齢化にともなって増加していく交通弱者のリスク（移動手段・生活物資の供給・交通安全・災害時の避難）回避に向けて、福祉サービスの充実や町民の健康維持推進を図っていく。

交通弱者への対策としては、移動手段として既存のコミュニティバス運行の見直しやデマンドタクシーの導入のほか、現在実施している外出支援サービスの拡充等について検討を行う。また、生活物資供給では、高齢世帯を対象とした宅配サービスの導入の検討、そしてドローン等先端技術の導入により、将来は物資輸送のサービスも視野に入れていく。

交通弱者対策とあわせて交通および災害時の安全確保対策として、歩道の確保・整備を推進するとともに、大規模災害の発生を想定した対応を図っていき、利根川水系の決壊等にともなう町内全域の水没を想定しての防災計画、避難計画策定、避難訓練実施を行う。

これらの施策を推進していくことで、町民誰もが「不便ながらも、日常生活に支障をきたすことがない」まちづくりや「安心・安全で暮らせる」まちづくりを目指したいと考えている。

9　河内素敵人の結成

これら町の戦略とあわせて、約3年前に「町の活性化と発展を本気で考えていこう。」という住民有志による団体「河内素敵人《かわちすてきにん》」が結成された。「河内素敵人」は、これまでに「いなかふぇ」、「卵かけごはん早食い世界選手権」、「RAINBOW SHOWER RUN」などのイベントを自主的に開催しており、地域住民同士の交流やコミュニティ形成の機会の創出に、行政とは別の立場から貢献されている。

私は、常日頃から河内町についてお話する際に、「河内町は関東のガラパゴス！」と言っている。都心に1時間半、世界への玄関口である成田空港には30分という位置にありながら、人口消滅可能性都市と断定されるほど人口減少が進んでいくという状況をマイナスと捉えるのではなく、ガラパゴス諸島がそれぞれの島の特徴、環境に合わせて独自の進化を成し得たことで、世界的な注目を浴びているように、河内町も他市町村にはない独自のまちづくりを進めていかなければならない。〝人のやらないことをしないと小さな町は生き残れない〟のである。そして、ほかにはない個性的で魅力的な町

河内素敵人

として日本全国に、さらに言えば世界中に河内町を発信していきたいと考えている。

RAINBOW SHOWER RUN

2－6

〝笑顔と夢が膨らむまち〟共に支え合う挑戦と再生

千葉県御宿町長　石田義廣

1　地方創生に向けて

今、地方創生の時である。地方創生を果たすことによって国の創生を果たすことに一丸となって取り組むべき時である。

戦後70年が経過する中、今、日本は将来にわたり活力ある社会を維持するため人口減少に歯止めをかけ、東京圏への人口集中の是正を図りながら経済再生、財政再建を果たし、社会保障の充実へと道を拓いていかなければならない。

地方創生への固い信念のもと、地域づくり国づくりを進めていくのである。

地方創生を成功ならしめるために、国民一人ひとりがより深く、より広く地方創生を認識し、危機意識を持って総力をあげ展開していかなければならないのだ。

以下、冒頭に御宿町の概要をご紹介し、現在行っている町づくりのための柱となる5つの政策について紹介する。

2 御宿町の概要

御宿町は、人口およそ7、500人、面積25㎢のコンパクトな町である。千葉県房総半島中部に位置し、黒潮おどる太平洋に面し豊かな緑、温暖な気候等、美しい自然に恵まれ歴史と文化、人情味あふれるまちである。

約2㎞にわたる白い砂浜と変化に富んだ海蝕海岸、そして緩やかな丘稜地に囲まれた御宿町は古くから海の保養地として多くの人々に愛され観光立町として発展してきた。

東京へ特急で1時間20分、十分に通勤可能な町である。産業面では、観光業を中心に漁業・農業が基盤を支えている。

近年になり、少子高齢化が進み、人口減少の波が寄せている。2017年2月末現在で、高齢化率48・3%と県内第1位となっているが、健康でお元気な方が多く、健康寿命もトップクラスである。

人口動態について、自然的増減（死亡者数と出生数）において、亡くなられる方が多く、大きく減少しているが、

町全景（2016年町産業観光課撮影）

社会的増減（転入者数と転出者数）においては、転入者数が転出者数を上回るため、全体的にみて減少率が小さくなっている。

3　5つの重要政策について

（1）災害に強い安心・安全な町

東日本大震災から6年が経過したが、海に面するわが町にとって、いつ起こるかわからない災害に対する心構え、備えを第一としなければならない。

各行政区に自主防災組織が設置されて久しいが、発生する地震、津波を想定し町民をはじめ、保育所、小中学校の児童・生徒、消防団など関係機関が一丸となって実地避難訓練に徹している。

防災無線のデジタル化を図り、避難施設や備蓄品の拡充につとめ、防災意識の高揚を図るため、各種講演会を開催している。

自主防災組織の皆さんによる防災訓練
（2016年町総務課撮影）

また、多様化する各種災害への対策強化を図り，消防団員の確保と、消防団詰所の更新整備を計画的に進めている。

東日本大震災の経験をふまえ、防災の拠点として高台にある公共施設が必要との観点から、２００７（平成19）年に学校統合により廃校になっていた旧御宿高校跡地施設を平成24年に千葉県より町で購入した。

（2）観光と産業が元気な町

千葉県より購入した当施設は標高38mの高台にあり、太平洋を眼下に見る絶景の地にある。

まもなくして、東京の中央高等学院より施設を借り受けたいという希望があったので施設の一部を賃貸し学校を誘致することになった。

翌年10月になり、当施設を活用し、学校法人中央国際学園中央国際高等学校が開校された。

今、春（6月）、秋（11月）を中心に年2～3回の宿泊型体験学習（スクーリング）が展開されている。

中央国際高等学校の生徒の皆さんが5月下旬から7月上旬にかけてと、10月下旬から12月上旬にかけて、およそ14週にわたり、一週約２００名の生徒が3泊4日の行程で民宿・ホテルに宿泊し、おんじゅくの自然を満喫し農業や漁業体験などを行っている。スクーリングが宿泊をともなって行われることで、地域経済の活性に大きく寄与している。

包括連携協定を結ぶ千葉工業大学の学生の皆さんによる町内でのガイダンス事業や、オリエンテーションなどもスタートした。また、今後、大学連携事業（COC+事業）などによる若者のさらなる交流人口の増加が期待され、特色ある教育へと夢が広がっている。

若者の交流人口の増加は、近い将来、家庭を持ち家族連れで訪れていただける観光客へとつながり、定住促進への道を拓くことになる。

そのように考え、今、おもてなし、種まきの時なのである。

スクーリング事業で農業に親しむ
中央国際高等学校の生徒の皆さん
（2016年町産業観光課撮影）

また、美しい2㎞にわたる白砂の海岸でビーチスポーツイベントが盛大に開催されている。

8月のビーチバレーボール大会ムーンカップイン御宿は、今年で23回目を迎えるが、国内で最大級のイベントに発展した。

全国から300チームを超える選手が参加し、中学・高校・一般の部と、3日間にわたり熱戦が繰り広げられ、選手の家族や関係者などおよそ3、000人を超える観光客で賑わっている。

　９月には２つの大きなライフセービング選手権大会が開催される。全日本学生選手権大会には全国から40を超える大学の選手７００名が集い、東日本予選会にも同じように多数の選手が参加し、それぞれ２日間にわたり開催され救命の技を競っている。ビーチサッカー大会が一昨年より始まり、今年で３回目を迎えるが、徐々に大きな大会へと成長しつつある。

　また〝ＮＰＯ法人おんじゅくＤＥ元気〟主催によって開催され、海岸や山野を駆け巡る、オーシャントレイルレースや、太平洋網代湾を横断するオーシャンスイムレースなど多くの選手が参加され、いずれも選手の皆さんはホテル、民宿などに宿泊し地域経済を振興している。

　例年９月１日〜10月31日まで開催されるおんじゅく伊勢えび祭りは、

賑わうビーチバレーボール大会
（2016 年に町産業観光課撮影）

全日本学生ライフセービング選手権大会
（2016 年に町産業観光課撮影）

今年で18回目を迎え、町最大のイベントに発展し、1万人を超える観光客で賑わっている。本場ならではの豪快な食べ方で伊勢えびを満喫していただいている。本年3月には、千葉ブランド水産物となった高級魚の外房釣りキンメ鯛によるキンメ祭りが盛況のうちに開催された。

2月中旬から3月上旬にかけて「おんじゅくまちかどつるし雛めぐり」事業が開催される。日本の代表的な行事である雛祭りを商工会が主催し、女性部により雛の製作や飾りつけが行われる。今年で11回目を迎え、月の沙漠記念館をメイン会場として町内21カ所に飾られ、多くの観光客が巡っていく。昨年から勝浦市のビッグ雛祭りと共同開催し、シャトルバスを走らせ大きなイベントに成長しつつあり、10万体を超えるつるし雛が飾られる風景は美観である。

一方、海の観光だけではなく、農村部では布施村街道を中心に食の回廊づくりを進め、山と海の連携による観光の活性化を図っている。

また平成21年度より事業を進めてきた土地改良、中山間地域総合整備事業による34 haの圃場整備があと2年で完成することから、農家の皆さんによる営農組合の設立に向けた取組みを支援し、第6次産業化を図り農業を振興していく。農作物に大きな被害を与えるイノシシを中心に、有害鳥獣対策の一層の拡充を図っていく。

漁業の振興についてアワビ増殖事業に力を入れている。昨年、3、600枚に及ぶ漁礁を海洋に投入したが、稚貝放流を増加しアワビの増殖を図っていく。

農業、漁業を中心に産業をおこし雇用を創出していく。

社会経済の変化進展により観光のあり方も変化している。これからさまざまな研究に取り組み、新しい観光のあり方を求め観光ビジョンを策定していく。

伊勢えび祭り開催風景
（2016年町産業観光課撮影）

放流されるアワビの稚貝
（2016年町産業観光課撮影）

（3）高齢者が生き甲斐を持って生き生きと暮らせる町

上述したように、御宿町は高齢化率が高く、県内第1位である。この特色を活かし、地方創生事業としてCCRC（生涯活躍のまち）事業を導入し、町の活力を増強していく。

1つには、地域包括支援センターとの連携を密にし、福祉・医療・介護施策の充実を図り、継続的ケアーの充実を図る。

もう一点は、高齢者と子供たちの〝教えの場〟、〝学びの場〟を創出し、高齢者のやりがいと生き甲斐を創造する。

また、買い物やお出かけ支援など、生活の利便性の向上を図るとともに、御宿駅へのエレベーターの設置をはじめ、避難所や各公共施設のバリアフリー化を促進していく。

(4) 子供は町の宝、子育てと教育の町

次代を担う子供たちの健やかな成長を願い、充実した子育ての施策を実施していく。

現在実施している施策、これから新たに実施しようとする主な施策についてあげてみる。

① 第3子以降を出産された方に出産のお祝いと育児支援を目的に30万円を給付する。

② 2歳児歯科検診およびフッ化物歯面塗布事業を実施し、う歯の予防をはじめとして口腔内の健康づくりをすすめるため1回3,000円を2回まで補助する。

③ 多子世帯の保育料について負担を軽減する。
国の施策(年収360万円未満の世帯について多子計算の年齢制限の撤廃)の対象とならない世帯へ町単独施策として、多子計算の年齢制限を小学校3年生までとし、第3子以降の保育料を無料とし、2017(平成29)年度より第2子の保育料を半額とする。

④ 病児保育事業「パウルーム」を継続して実施し病気の治療中、または病気の回復期

において集団保育が困難な児童の一時的な保育を行うことにより、保護者の子育てと就労との両立を支援する。

⑤ 児童の健康づくり支援と保護者の負担軽減を図るため、0歳児から高校3年生（就職している者を除く）までの医療費の全部または一部を助成する。

⑥ 高校生以下の年齢に相当する方（高校生年齢に相当する方は、就職していない方に限る）を対象にインフルエンザ予防接種にかかる費用の一部を助成する。期間は10月～12月で助成額は1回2、000円まで、助成回数は、小学生までが2回、中・高生は1回とする。

⑦ 小・中学校入学時にジャージや体操服の購入費の一部を補助する（入学する年の4月1日に町内に住所を有し、現に居住している人）。

⑧ 高校等に進学する場合の入学準備にかかる費用の保護者の負担軽減を図るため、2014（平成26）年度より年収400万円以下の世帯に10万円を給付してきたが、2016（平成28）年度より大学等に進学する場合にも適用し、給付額を15万円とした。また、2017（平成29）年度から小中学校の修学旅行費用の一部助成

命の海洋教育風景
（2016年に町産業観光課撮影）

（概ね半額）を実施する。

⑨　海外留学助成事業として、７日間以上の海外留学にかかる費用で対象経費の１／３以内、10万円を上限に助成する。

（中学校～大学等に在籍する方で、本人または保護者が町内に住所を有している者が対象）

教育の振興については、児童の文化・スポーツ活動の支援を強化し、たくましい〝御宿っ子〟を育てるため、〝命の海洋教育〟など特色のある教育を進めていく。

また、これまでの、岩和田・御宿の両保育所を統合し、新たに認定こども園が完成し４月に開園した。津波災害対策も兼ね高台に設置し、子育て支援センターの併設により、子育て支援事業の拠点としての役割を担っている。他の範となるような認定こども園の運営に努めていく。

(5) 人が輝き世界にひらく文化の町

わが御宿町には、他の市町村にない１６０９年の素晴らしい史実がある。

１６０９（慶長14）年９月30日、今から４０８年前、江戸時代、徳川幕府の初期の頃、フィリピン臨時総督ドン・ロドリゴ・デ・ビベロが任務を終え、大型ガレオン船、サンフランシスコ号によりメキシコ（当時のスペイン領ヌエバ・エスパーニャ）に帰国の途中、御宿沖で台風に遭遇、難破座礁し、乗組員３７３名は海洋に投げ出されたが、地元村民の漁師や海女さんたちの懸命な救助活動により317名の命が救い上げられた。この人類愛に満ちた行動により日西墨（日本・スペイン・メキシコ）の交通が発祥し、やがては国交を開くこととなった。

ドン・ロドリゴ・デ・ビベロ一行は救助された後37日間、御宿に滞在し、衣食住を惜しみなく与えられ、地元大多喜城主、本多忠朝公、江戸城にて徳川秀忠公、駿府にて徳川家康公にそれぞれ謁見し、家康公とさまざまな外交交渉を行い、翌年、家康公がウイリアム・アダムズ（三浦按針）に命じて建造したサン・ヴェナ・ベンツーラ号により、現在のメキシコ国アカプルコに帰港を果たした。このようなことから御宿町は、1978年にアカプルコ市と姉妹都市協定を締結し、同年メキシコ国からロペス・ポルティーリョ大統領が来日、来町され友好を深めてきた。

2009年には日墨交流400周年記念式典、サンフランシスコ号漂着400周年記念祭が、皇太子殿下、メキシコ・スペイン両国駐日大使ご臨席のもと、盛大に挙行された。

2010年には、メキシコ友好親善使節団が姉妹都市アカプルコ市やメキシコ国政府を訪問し、2012年にはアカプルコ湾を臨む景勝の地、日本の広場（プラサ・ハポン）に「日墨友好の碑」が日墨協会の皆さんをはじめメキシコ国、アカプルコ市の協力のもと御宿町が

おんじゅく認定こども園竣工式
（2017年3月町保健福祉課撮影）

建立し、1609年の史実をアカプルコ市民をはじめ、訪れる観光客の皆さんに伝えている。この高さ9・0mのオベリスクは、これからのさらなる友好を祈念し、その礎となる願いを込めて建設された。

「日墨友好の碑」に隣接して支倉常長の銅像が設置され、歴史の継続性を物語っている。

翌年の2013年に御宿町は、ドン・ロドリゴ・デ・ビベロの生誕の地、プエブラ州テカマチャルコ市とメキシコ国2つ目の姉妹都市協定を締結するため、11名のメキシコ友好親善使節団で訪問した。

また、2014年から、在日メキシコ大使館、メキシコ国外務省などの協力により、メキシコ国全土より募集された学生10名が夏季期間、およそ1カ月間にわたり御宿町を訪れ、日本語や日本文化を学び、観光など楽しみながら〝日本〟を学んでいる。近い将来、御宿町とメキシコ、日本とメキシコの架け橋として、大いに活躍されることを期待するばかりである。先日、アカプルコ市から元市長、ルイス・ウルニユエラ・フェイ氏を団長とする17名の市民団が来町され友好を深めることができた。また、テカマチャルコ市からイネス・サトゥルニーノ・ロペス・ポンセ市長の特使としてフリオ・フェルナンデス氏ら2名が来町し、9

アカプルコ湾を臨む「日本の広場」に建立された日墨友好の碑
同所に支倉常長像が設置される
（2012年現地にて撮影）

日間滞在し帰国の途につかれた。スペイン国との交流についても、スペイン友好コンサートが毎年、町公民館で定期的に開催され、このたびのコンサートには、駐日スペイン大使ゴンサロ・デ・ベニート氏と、文化参事官ホセ・アントニオ・デ・オリ氏がご臨席され友好を深めることができた。

１６０９年の日西墨交通発祥の史実をもとに御宿町とメキシコ、スペインとの交流は深まるばかりである。文化の交流から産業の交流へと、小さな町の大きな交流は発展を続けている。また御宿町は童謡〝月の沙漠〟の発祥の地として知られ、〝夢とロマンの里〟を演出する、らくだに乗った王子とお姫様の像がきれいな砂浜に建立され、月の沙漠記念館には、作詞者加藤まさを氏の抒情画家として、また抒情詩人としての作品が展示され、訪れる観光客の皆さんに愛され親しまれている。

また、世界60カ国の教科書3万5千冊を収蔵する〝五倫文庫〟は、御宿町の大きな宝物である。初等教育の重要性を説く、五倫文庫の創始の精神を、一層具現していかなければならないと感じている。

御宿町には絶滅危惧種となっている天然記念物ミヤコタナゴが生息し、専門家のご指導をいただきながら、生息環境の保全に努めている。難しい課題ではあるが、将来に向け挑戦していきたい。このような卓越した文化を生かしきり創生を果たしていくことが、今に生きる我々の使命なのである。

おわりに

観光業をはじめ、漁業、農業などあらゆる産業の発展の基盤となる水質の浄化について、積極的に対策を講じ挑戦していきたい。水質浄化という課題を中・長期的に捉え腰を据えて取り組んでいく。

森は海の恋人と言われ、海を守るために森林を守らなければならない。森林に手を入れ、里山を保全し、CO_2削減のための再生可能エネルギーの普及やバイオマス事業など研究を重ね、山や海の自然を守っていく。解決すべき課題は山積みであるが、地方創生の時を迎え、周囲みな資源と捉え飛躍を目指していきたい。

先達、吉田松陰先生に〝松下陋村と雖も誓って神国の幹とならん〟という教えがある。今に生まれ、地方創生の時を迎え、地域づくり国づくりに没頭し、邁進することを、最高の幸せと肝に銘じ、粉骨砕身、挑戦していきたい。

2－7

子どもが産まれ成長し、そして家族を持つまちづくり

茨城県つくばみらい市長　片庭正雄

1　位置・地勢

本市は、茨城県の南西部に位置し、都心から40km圏の位置にある。東はつくば市と龍ケ崎市、西と北は常総市、南は取手市と守谷市にそれぞれ接しており、市域面積は79・16㎢（東西約10km、南北は約12km、標高約5～24m）となっている。

市内に谷和原インターチェンジを有する常磐自動車道、西部を南北に通る国道294号、北部を東西に通る国道354号、常磐自動車道とほぼ並行するようにつくばエクスプレス（みらい平駅）、本市を南北に常総線（小絹駅）、などの幹線交通網が各都市を結ぶ、恵まれた立地条件と

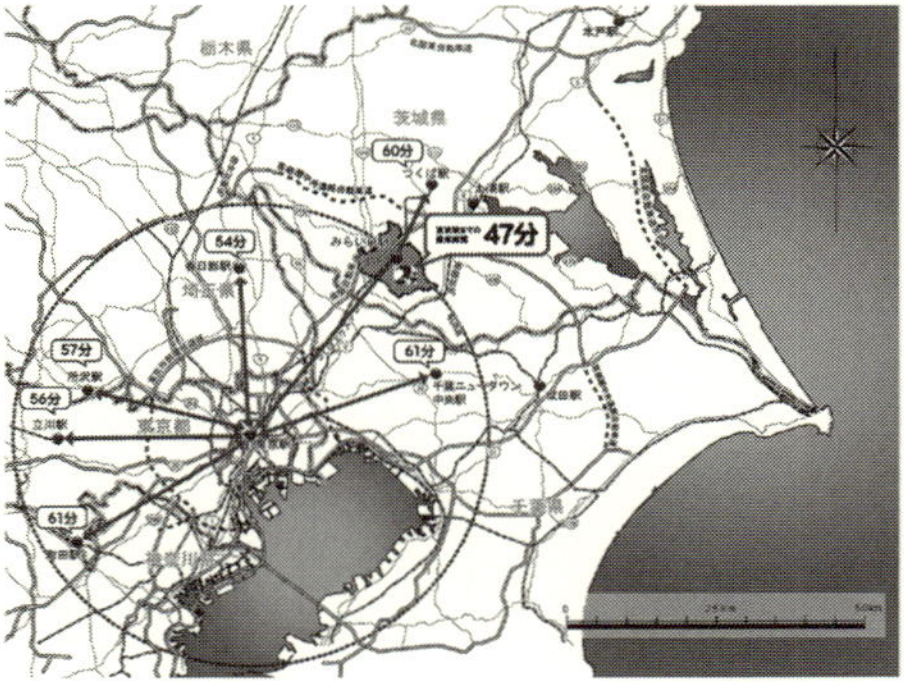

なっている。

　つくばエクスプレスの開業により、みらい平駅から東京駅までは47分（乗車時間のみ）となり、都心までの移動時間が短縮されている。

２　人口・世帯の推移

　本市の人口を5年ごとの推移でみると、１９７５（昭和50）年から２０００（平成12）年までは、首都圏の外延化や都市化の影響を受け急速な増加傾向を示している。

　その後、２０００（平成12）年以降に一度減少するが、２００５（平成17）年の首都圏新都市鉄道つくばエクスプレス線の開通を境に、特にみらい平周辺における沿線開発によって人口集積が進み、再び大きく増加し、現在も人口増加が続いている状況で、２０１５（平成27）年の人口（国勢調査）では、人口増加率は全国第8位、４９、１４６人となっている。

　世帯数の推移をみると、１９７５（昭和50）年から

行政区域人口推移（つくばみらい市）

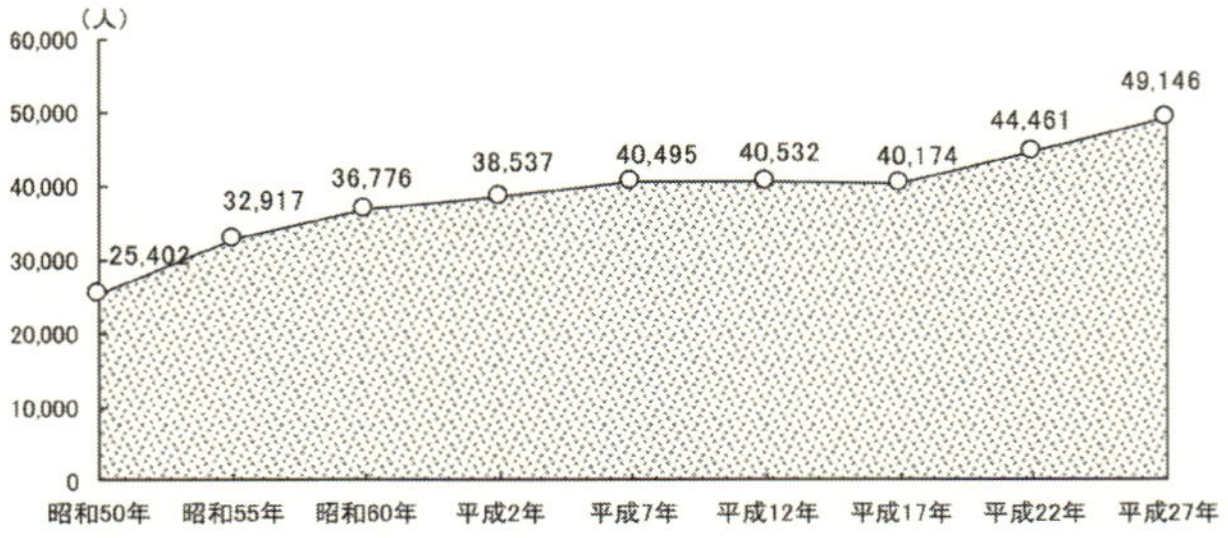

資料：国勢調査。

２０１５（平成27）年まで、一貫して増加し、１９７５（昭和50）年以降、核家族化や少子化の影響から世帯人員が低下し続けているため、世帯数の増加傾向は続いている結果となっている。

3　当市の課題

近年の本市の人口は、若い子育て世代の転入が増え、総人口は増加している。

２０１５（平成27）年の国勢調査において、初めて国の人口が減少に転じ、人口減少対策が喫緊の課題となっている自治体が少なくない中で、本市の人口の現状というものは希望が多いといえる。

しかし、みらい平地区以外の従来からの地区では、少子高齢化等により人口の減少、また、人口構成をみると、着実に少子高齢化は進行し

5歳別人口（人口ピラミッド）

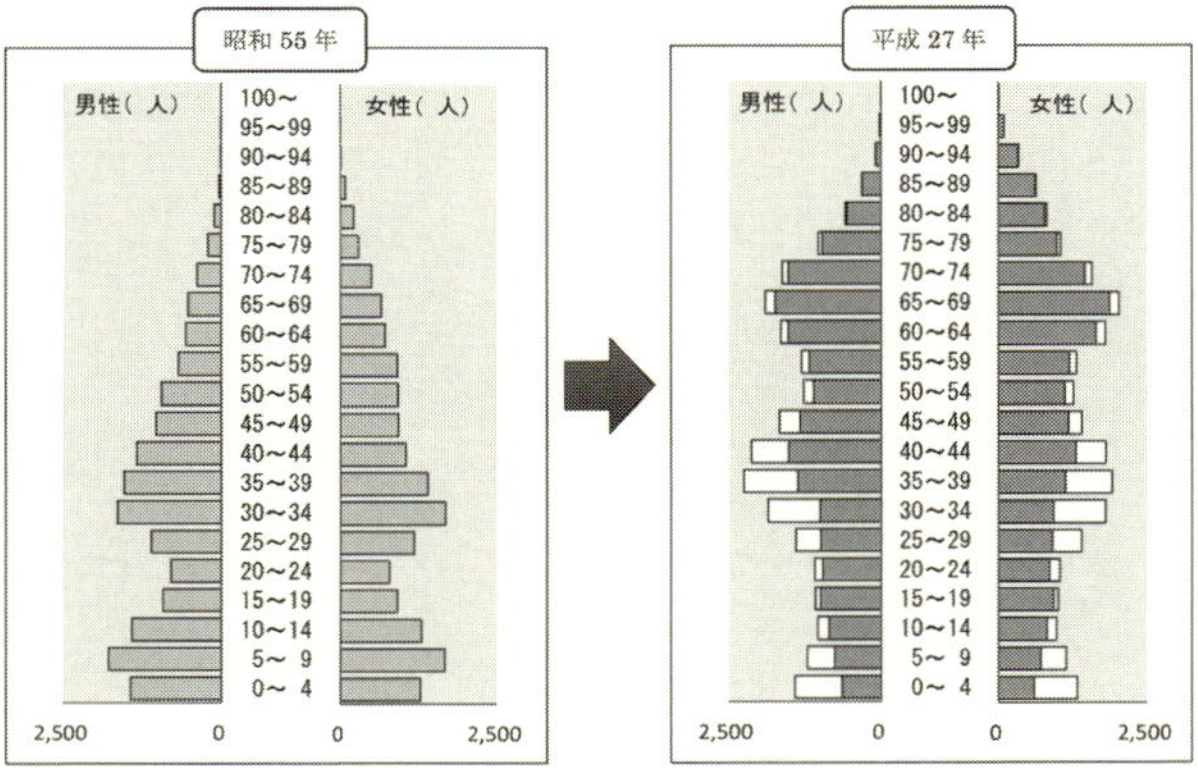

資料：国勢調査。

ており、いずれは人口減少に転じることが予測され、人口減少に対する危機感は、多くの市民が感じているところである。

人口を維持する少子化に歯止めをかけ、人口動向に反映させていくためには、一朝一夕に成すことは不可能であり、1つひとつの地道な取組みが求められることから、人口減少対策には早急に取り掛かる必要があると考える。

4　人口減少対策（地方創生）の考え方

さて、当市は、2015（平成27）年の国勢調査によると、我が国の人口が減少する中、つくばエクスプレスの開通、みらい平地区の順調な開発により、特に若い子育て世代の転入者が増え、市全体の人口は増加している。

当市は、現在、市のポテンシャルを最大限に引き出すまちづくりのため、つくばみらい市総合計画 新基本計画の政策ビジョンである「〝みらい〟を担う子どもたちに誇れるまちに向けて」の実現に向け、誠心誠意取り組んでいるところである。

人口が増加しているということは、新基本計画に基づく各種施策の実行が、着実に実を結んできていることだと実感しているところである。

しかし、当市においても、将来的には人口減少が予測されることから、市の将来の人口に対しては、非常に強い危機感を持って対処しなければならないと考える。

そのためには、若い世代が地域に魅力を感じ、希望を持って結婚して家庭を持ち、安心して子どもを生み育てられるまちづくりが求められる。

若い世代の活力は、地域の高齢者にとっても希望と安心を与えてくれる。

幸いなことに本市は、若い世代の転入先として人気があることから、転入してきた人たちをはじめ、市民の皆さま全員が「住んでよかった」と実感でき、その子どもたちも「わがまち、ふるさと」として愛着を持って住み続けたくなる、つくばみらい市らしい魅力創出を目指すことが重要である。

そのようなことから、当市の人口減少対策（地方創生）を進めるにあたり、将来の方向性と今後の目指すべき将来展望について示す「つくばみらい市まち・ひと・しごと創生人口ビジョン」および２０１５（平成27）年度から２０１９（平成31）年度までの施策の方向性を示した「つくばみらい市 まち・ひと・しごと創生 総合戦略」を策定したところである。

総人口の将来見通し

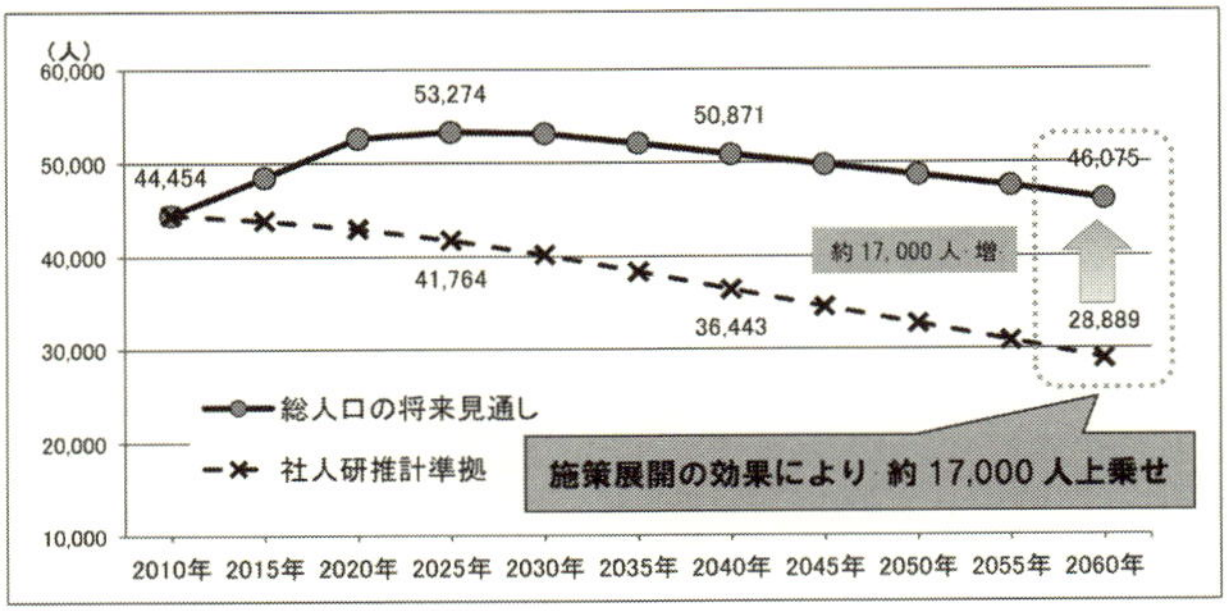

この人口ビジョンにおいては、結婚支援や子育て支援策等の充実、定住促進策を進めるとともに、転出者の抑制などを図りながら、44年後の２０６０（平成72）年の目標人口を４６、０００人とした。

そして、この目標人口を達成するための施策の基本方向をまとめた総合戦略では、「〝まち・ひと・しごと〟みんなの〝みらい〟があるまちに」を基本理念とし、達成するための基本目標を「定住促進」「結婚支援」「子育て支援」「経済の活性化」の4つとして、「つくばみらい市の子どもが成長して、つくばみらい市で家族を持つ好循環」を築き、人口減少対策を行っていく。

つくばみらい市総合戦略の独自の視点

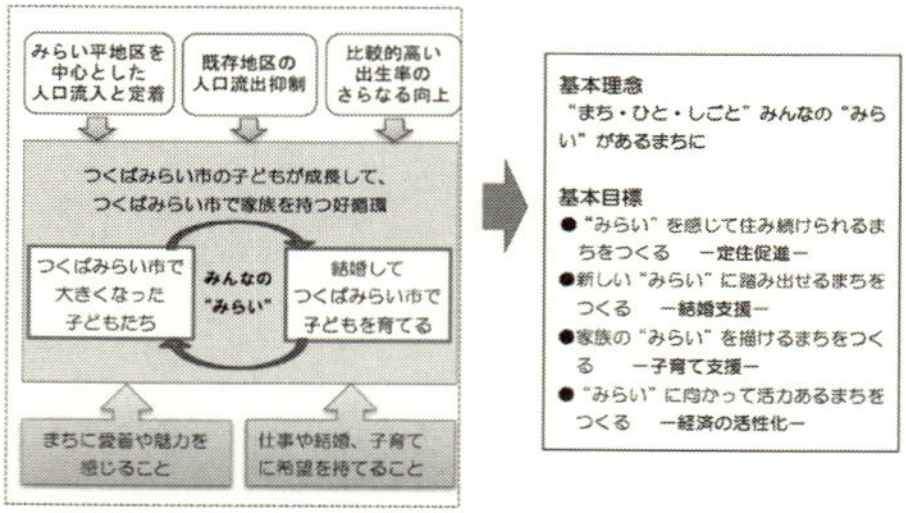

4つの基本目標

定住促進	定住意向は全般的に高いものの，若い女性の定住意向は低めとなっています。交通や公共施設，日常生活の利便性を向上させ，若い女性も定住したくなるようなまちづくりを進めます。
結婚支援	現在結婚していない若者の多くはいずれは「結婚したい」と考えています。人と人のつながりや生活基盤の支援などで，結婚に前向きになれるようなまちづくりを進めます。
子育て支援	子育てに対する経済的な負担感をあげる人が多くなっています。子育て支援の充実と子どもがいても働きやすい環境づくりを進め，安心して理想の子どもの数が持てるまちづくりを進めます。
経済の活性化	買い物や外食，余暇活動などをもっと市内で済ませたいという人が多くなっています。商業の活性化や企業誘致等で地元での消費を促進するなど経済の活性化を進め，好循環で活力あるまちづくりを進めます。

5　人口減少対策（地方創生）の取組み

当市は、民間の出版社から発表された、人口や住宅着工、所得など、個人消費や産業関連の伸び率を指数化した「成長力ランキング」において、２０１５（平成27）年度は「日本一」、２０１６（平成28）年度は「全国第2位」との高評価を2年連続でいただいたところである。

この成長力の源となっているのが、みらい平駅周辺地区の発展であると考えている。

今後は、このエネルギーを市内の各地域に循環させ、みらい平地区だけではなく市内全域を元気にしていくことが、特に重要であり、市民との交流と協働のまちづくりを進めながら、地域力を引き上げ、将来にわたって持続可能な質の高い自治体を目指し、今のうちから将来の人口減少に向けた対策を、４つの基本目標に沿って行っていく。

ここでは、主な取組みを紹介する。

（1）〝みらい〟を感じて住み続けられるまちをつくる―定住促進―

本市に住み続けたいという定住意向は全般的に高いものの、若い女性の定住意向が低めとなっている。

つくばみらい市イメージキャラクター「みらいりんぞう」！
2015年9月に実施した市のイメージキャラクター総選挙で最優秀賞となり，市のイメージキャラクターに就任！

その背景とみられる、交通や日常生活について利便性を向上させ、若い女性も定住したくなるようなまちづくりを進める。
また、暮らしやすいまちとして本市の魅力をより向上させるとともに、市内外におけるＰＲを行い、転入や定住を促進する。

タグライン：「みらいをつくるば」
市民が「未来志向」という，未来への高い期待をもって暮らしていることが伺えたため，そうした想いを実現させるイメージ。
ロゴマーク
タグラインに込められた想いをデザイン化。未来は自らで想像することから始まり，これからどんな未来を描こうかとワクワク思案する歓びを「手でフォーカスを絞るポーズ」で表現した。また，明るく温かみのある“みらい”をイメージさせるイエローをシンボルカラーとした。

田んぼアート

デマンド乗合タクシー運行開始式

・シティプロモーションの実施
市の魅力を市内外に向けてＰＲをするため、市の「シティーセールスプラン」に基づき、各種ＰＲ事業を実施し、移住・定住を促進する。

・都市農村交流事業の実施
市内のＮＰＯ法人と連携した市農村交流事業を実施し、交流人口の増加、移住へのきっかけづくりを行い、移住・定住を促進する。

・地域公共交通の充実
地域公共交通網のさらなる充実を図るため地域特性や移動実態を把握し、地域全体を踏まえた鉄道、コミュニティバス、民間バス、デマンド乗合タクシー、民間タクシーなどの公共交通体系を構築するため地域公共交通網形成計画を策定し、その計画に基づき地域公共交通の充実を図る。

・住宅支援事業の実施
子育て世代や高齢者の安心な暮らしを応援し、本市への移住・定住を促進するため、市外から転入して、三世代同居または近居を始める三世代家族に対し、住宅の取得等に要する費用の一部を助成する。

(2) 新しい〝みらい〟に踏み出せるまちをつくる―結婚支援―

現在結婚していない若者の多くは、いずれは「結婚したい」と考えている。

しかし、経済的な不安や人との出会いがないなど、結婚について消極的な意識が強くなっている。

人と人のつながりや生活基盤の支援などで、結婚に前向きになれるようなまちづくりを進める。

・婚活事業(嫁に来ないか事業)の推進

結婚に前向きになれるよう、出会いの場となるイベントの内容を充実させて実施し、出会いの場を提供するとともに、当事者や家族など周囲の方々の意識改革を図りながら、カップルや成婚者の増加を目指す。

・結婚新生活支援(経済的支援)の実施

新婚夫婦を経済的に支援するとともに、未婚者を結婚へと後押しするための結婚新生活支援事業として、世帯年間所得

嫁に来ないか事業

３００万円未満の新たに婚姻した世帯に対して、上限18万円の居住費および引越し費用を補助することにより、経済的理由で結婚に踏み出せない世帯の新生活を支援している。

(3) 家族の〝みらい〟を描けるまちをつくる—子育て支援—

子育てに対する経済的な負担を感じる人が多く、そのため、理想とする子どもの数を持てないことにつながっている。

子育て支援の充実と子どもがいても働きやすい環境づくりを進め、安心して理想の子どもの数を持てるまちづくりを進める。

・子育て世代包括支援センターの設置

妊娠から出産、育児、子どもが就学するまでの切れ目のない一貫した取組みを実施するため、子育て世代包括支援センターを設置し、妊娠期から子育て期にわたる切れ目のない支援体制を構築することで、子育て支援をさらに強化する。

・不妊治療に経済的負担の軽減

子育て支援の少子化対策として、特定不妊治療を受けている方々への不妊治療費助成を実施して、経済的支援を行って

子育て支援室「リズム教室」

いる。

・妊婦健康診査費の負担軽減

妊婦健康診査の回数制限を撤廃し、実施することで、出産まで安心して健診が受けられるとともに、経済的負担を軽減する。

(4) "みらい"に向かって活力あるまちをつくる
―経済の活性化―

市内の商業施設が不足しているという声が多く、買い物や外食、余暇活動などをもっと市内で済ませたいという意向がある。

商業の活性化や企業誘致等で地元での雇用と消費を促進するなど経済の活性化を進め、好循環で活力あるまちづくりを進める。

・工業団地整備の推進

地域経済の発展と雇用の促進を図るため、福岡地区に企業の受け皿となる工業団地整備事業を推進している。

福岡工業団地予定地

・産業競争力の強化
産業の活性化および振興を図るため、創業支援事業計画を策定し、その計画に基づき事業の「創業期」「成長期」「成熟期」「停滞期」といった発展段階に合わせた支援策により、産業競争力を強化するとともに、起業をこころざす方を対象にした相談窓口を市役所内に設け、商工会や地域金融機関等が行っている支援策を紹介する「創業支援事業」を実施し、本市で創業する方への支援を行う。

・観光資源の整備
市の観光名所の1つである福岡堰桜並木に老木が多くなったことから、5年を目途に老木の伐採、植樹を行い、多くの来訪者を呼び込むとともに、地元商業等を中心とした経済の活性化につなげる。

福岡堰の桜

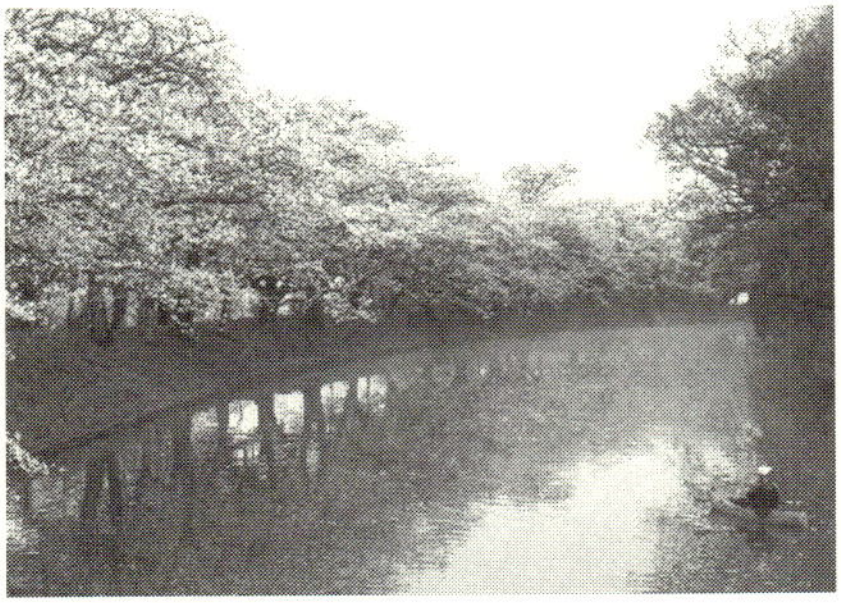

6　〝みらい〟を担う子どもたちに誇れるまちに向けて

以上、将来の人口減少対策としての地方創生の取組みについて述べてきたが、こうした取組みを評価し、改善を図りながら継続していくことが、安定した行政運営につながるものと考えている。

また、当市には、鬼怒川、小貝川、牛久沼などの水辺環境や優良な田園地帯など、水と緑に育まれた豊かな自然環境がある。さらに、あたたかい心が人と人との間に通じ合う豊かな地域環境や住環境もある。

こうした豊かな環境を守り続け、後世に残していくことが、次代を担う子どもたちに誇れるまちづくりとなるのではないかと思っている。

2－8

新たな地域創生に挑む・むつざわコンパクトビレッジ

千葉県睦沢町長　市原　武

はじめに

「地方創生とはなにか」。永い間、自治体職員として町のさまざまな事業に携わりながら、成長期の経済活動の中で、道路をはじめとするインフラの整備がなされ、人口も増え、発展する町を見てきた。

しかしながら、高度成長期の終焉は、人口減少と高齢者の増加による少子高齢化を明確にし、医療や社会保障費の増大を生み、経済の悪循環から税収の減少も進み、何もできない停滞の時間を費やすことになった。

こうした問題は、地方の一自治体が解決するには大きな課題だが、町政を動かし、早く新たな道しるべをつけるべく、政策を構築する自治体職員の発想と牽引するリーダーが必要であると決断し、町長としての舵取りを目指すこととした。

そして、国は「地方創生」を提言し、その実現に向けての政策を打ち出したが、地方が地方らしく存続していくため、地域をよく知る地域住民からの積み上げが無くして、30年、40年後の地域や市町村の存続はないことを心にとどめなくてはならないと考えた。

地方創生は社会の仕組みを変えること、住民の意識を変えることで、その実行に当たっては、俗に言う、「腹を据えた」覚悟ができるかであると考えていた。

その中で、町にある地域資源、既存施設の新たな活用を模索するため、人口ビジョンや住民アンケート等を踏まえ、小さな拠点の形成とそれらを結ぶネットワークの構成により、町が直面する課題である、若者世代の減少と高齢者の増加、高齢化による医療費の増加と健康づくりへの支援、農業を中心とした地域産業の衰退、教育や文化活動の変容、地域コミュニティの弱体化など、小規模自治体の制約の中での複合的な取組みとなることから、長期のビジョンと民間活力の活用を大所高所から進める姿勢を持つこととしたものである。

1　地域の現状と課題

千葉県長生郡睦沢町は、房総半島中央部のやや東南の内陸部にあり、人口は7、300人ほど、水田と山林に囲まれた中山間地域に位置する小規模自治体である。

都心からは70㎞圏内、車や電車で1時間弱の町にしては、自然豊かで温暖、静かで暮らしやすい街である。

しかしながら、人口減少は早く、1995年の8、250人をピークに2010年には

7、340人まで減少し、交通網や経済の脆弱性の中で、若者の流出が続き、高齢化率のさらなる上昇と共に一層の少子高齢化が進んできた。

このため、私の1期目は、喫緊の課題の人口減少を少しでもくい止めるため、若者定住促進住宅の建築や子育て支援事業の拡充を進めると共に、高齢化にともなう医療費の増加を防ぐため、「睦沢町健幸まちづくり基本条例」を制定し、1日9,000歩をめざし、健康ウオーク等を開催し、生活習慣病の改善を促す施策を打ち出してきた。

そして、これらと共に、中長期的な基本政策の構築に向けて、2015年度に人口の現状と将来の展望をまとめた睦沢町まち・ひと・しごと創生「人口ビジョン」と5年間の施策である「総合戦略」を策定している。

これは、誰もが安心して永く「健幸」で暮らせる地域社会の構築であり、限られた地域資源を最大限に活用し、計画的なインフラの整備・維持管理、公共サー

位置図

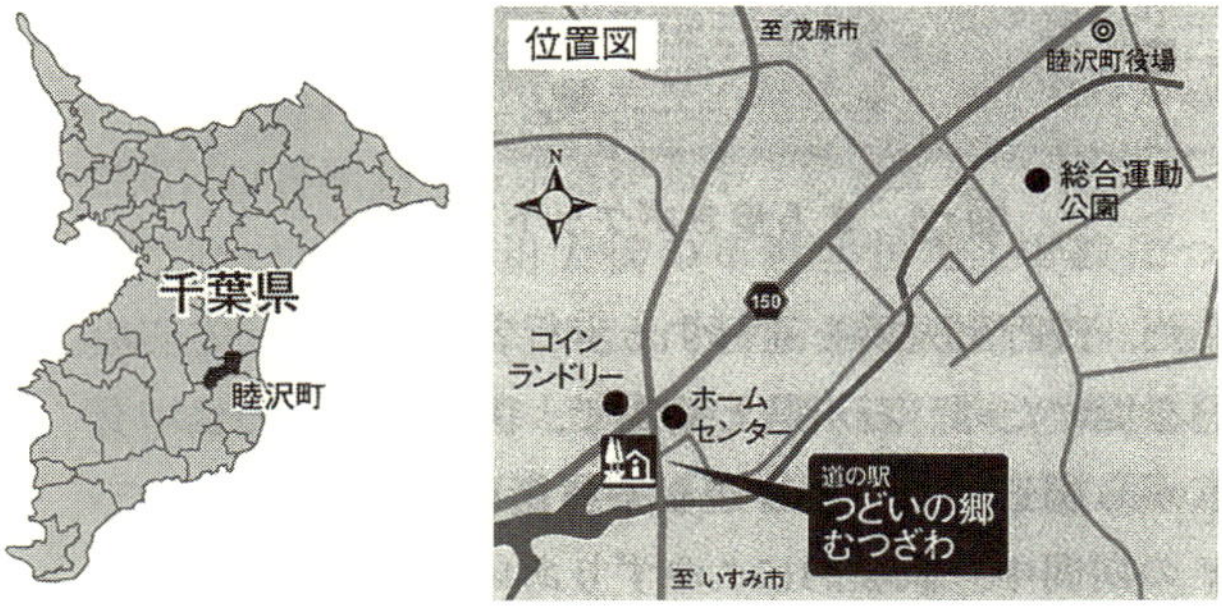

出所：（公社）日本道路協会『道路』平成29年2月号。

ビスの提供を実現するコンパクトシティの形成を目指すものであり、小規模な自治体で、予算的制限の大きな本町の現状から民間活力の活用にシフトを変えて、限られた市場の中で民間事業者と共存する環境を整備していくことが重要であると考えたものである。

このため、就任当初に掲げた「選択と集中」による事業推進を具現化すべく、個別課題の解決を徐々に進める中で、経済効果の下支えを行いながら、ある程度のエリアに人口をまとめることで、商業等の生活サービスの維持・公的サービスの効率化・公共施設の集約を図ることによって、財政支出の抑制を実現するものである。そして、人口の集約ができた地域間を公共交通ネットワークで結ぶ地域間交流により、サービス産業の効率化による消費の促進での経済的効果、高齢者等の外出の機会の増加による健康増進等、多岐に渡り動く町勢のシナリオを演出していくことが大切と考えてきたものである。

そこで、地域創生を目指し、本町にある地域資源と民間事業者の活用を結びつけるものとして、まずは既存の「道の駅」の活用とスポーツ施設である運動公園を整備していくこととしたのである。

2　地域資源を生かす「スマートウェルネスタウン」事業

２０１４年12月に「むつざわスマートウェルネスタウン基本計画」を作成し、「誰でも健康でいきいきと生活するための拠点」として健康支援型の道の駅と住宅の一体開発を打ち出し、併せて、民間連携による事業開発、運営の手法を模索する中で、国土交通省の民間連携手法検討調査の採択を受け、さらに2015年1月に既存の道の駅「つどいの郷むつざわ」の整備計画等が評価され、「重点道の駅」に選定されたことにより、本事業は総合戦略の中核的事業として位置づけられた。

このことは、民間手法の活用という視点から、町と民間事業者との連携・協力による共同事業体としての方向性が示されたこととなり、新たなPFI事業としてスタートすることとなった。この「むつざわスマートウェルネスタウン事業」の概要については、本町の中央部にある重点道の駅に指定された「つどいの郷むつざわ」を核として、本来の目的である、円滑な交通事情を支える休憩施設として多くの人を迎えると共に、地域の農産物の販売体制の持続化による地域農業の活性化、健康支援事業としての温浴施設や健康関連施設の整備、また、町が進めてきた人口の減少対策として

道の駅つどいの郷むつざわ（外観）

道の駅つどいの郷むつざわ（店内）

の住宅施設として、子育て世代、高齢者世帯を含めた「ウェルネス住宅」と災害での避難施設等を備えた多機能性を持ち、スポーツ施設との相互連携や旧市街地との地域間の交流により活性化を図り、持続可能なまちづくりを形成していくもので、「健康づくり」「定住促進」「地域活性化」につながる地域創生に資するものとなっている。

道の駅としての機能の基本となる駐車場やトイレ、休憩施設や情報発信の場として、「楽しく」「気持ちよく使える」を基本に、災害時には不特定多数の市民の後方支援となるものである。

次に地場産業である農業の活性化を支える農産物等の直売施設や産直レストランと農産物加工施設により、農産物生産者や加工グループでの雇用や特産品の開発、健康志向を支える食材と食品を提供していくことが地域に根ざした道の駅としての存在を高めるものである。そして、地域の特産物の開発や新たな農業生産者を育成するため、農業塾を開校し、農業に携わる人材の育成をすでに進めてきている。

次に「ウェルネス住宅」として、戸建て住宅、集合住宅を隣接させ、子育て世代を取り込み、高齢者住宅を併せて世代間交流を進め、一帯を賑わいに満ちた街として

むつざわスマートウェルネスタウンイメージ

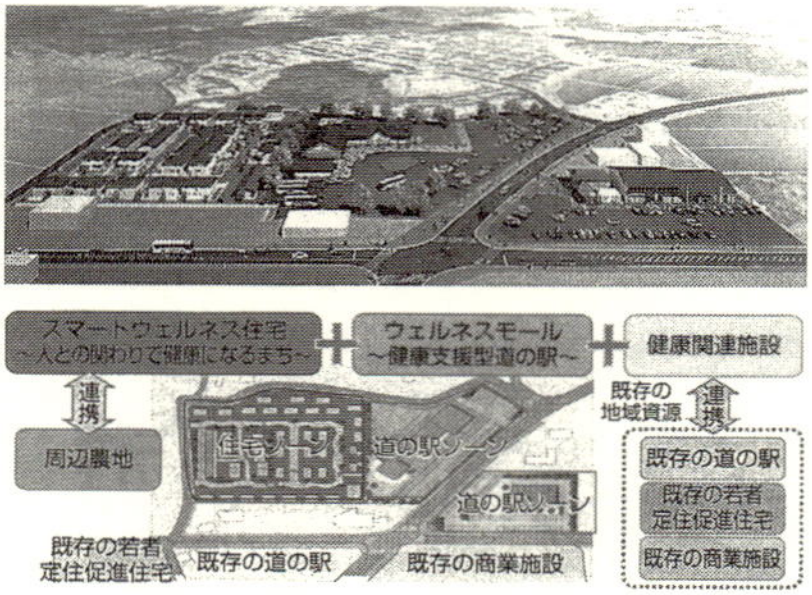

出所：（公社）日本道路協会『道路』平成 29 年 2 月号。

形成させるものである。また、防災拠点施設として防災広場、防災倉庫等を備え、地域住民のみならず、道の駅利用者をはじめ、隣接する自治体の地震、津波による避難者の受け入れも行うこととしている。

そして、健康増進施設としての温浴施設としては、地域資源である天然ガスや滝水を活用した温泉施設と健康への情報提供により、地域住民の健康増進はもとより、道の駅の幅広い利用に供するものである。

この、むつざわスマートウェルネスタウン事業は、本町においても初めての官民連携によるPFI事業により実施するもので、道の駅にさまざまな機能を持たせながら、地域としての活力を生み、かつ採算性を合わせ、建設、維持管理、運営等の総合的統括管理に民間事業者の持つノウハウを導入し、創意工夫された提案を誠実に実行し、町との共存を目指し、対等なパートナーとして、共に努力しながら長期の事業を進めていくことである。

3　スポーツツーリズム拠点事業

地域資源である総合運動公園を活用した利用者の増加に向けては、新たな指定管理者(民間事業者)を指定して、地域総合型スポーツクラブと連携し、町民が楽しく気軽に参加できる「健幸」になるウェルネス事業とスポーツツーリズムによる町内外からの新たな利用者を取り込み、観光・交流の拠点として生まれ変わるものとした。

これは、健康があらゆる世代の願いであり、スポーツを習慣づける契機として、スポーツツーリズムを活用するもので、別々の事業として行うものでなく、総括的に健康寿命の延伸が図られ、交流人口の増加が地域の観光、イベントのPRにつながり、地域経済の活性化へ向かうものと考えている。

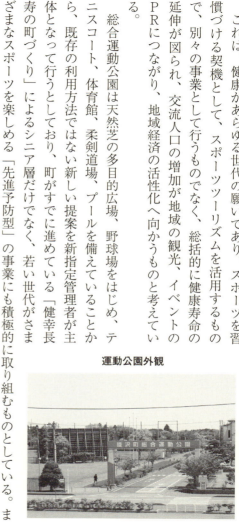

総合運動公園は天然芝の多目的広場、野球場をはじめ、テニスコート、体育館、柔剣道場、プールを備えていることから、既存の利用方法ではない新しい提案を新指定管理者が主体となって行うとしており、町がすでに進めている「健幸長寿の町づくり」によるシニア層だけでなく、若い世代がさまざまなスポーツを楽しめる「先進予防型」の事業にも積極的に取り組むものとしている。また、2020年の東京オリンピックのサーフィン会場となる隣町、一宮町のスポーツレガシー構築の連携として寄与できるものと考えている。

運動公園外観

この取組みを行政としては、公共施設の所有者として、町民が利用しやすいことはもちろんだが、指定管理者がウェルネスやスポーツツーリズムの運営と公園管理者としてのノウハウを十分発揮できるよう支援することが大切である。

これは、先に述べたスマートウェルネスタウン事業の健康支援型「道の駅」との連携もあり、町を訪れる交流人口の増加、町民の健康意識と活動機会の増加とスポーツでのコミュニティの形成につながり、結果として医療費の削減等の行政負担の軽減と地域経済への付与、人口増加の糸口となるものである。

4 民間事業者との連携として新電力会社を設立

最後に、民間事業者の活力を行政に取り込むコンパクトビレッジ構想の1つとして、地産地消型エネルギーの活用を目指し、町と地元企業による新電力会社「ＣＨＩＢＡむつざわエナジー」を設立し、代表取締役社長に私が就いて、２０１６年９月に業務を開始している。

これは、町内の太陽光発電施設等で発電した電力を学校や公共施設、企業、一般家庭にも販売し、その利益を町の地域活性や魅力向上に役立てる狙いである。当然、町も株主であることから利益を還元しなければならないし、効率よい電気販売による電気料の節約ができれば、その分も地域振興に活用できる。とりわけ、循環型のエネルギー供給のシステムを創っていくことで「環境にやさしい町づくり」を町政の姿勢として表現でき

（株）CHIBA むつざわエナジー事業スキーム

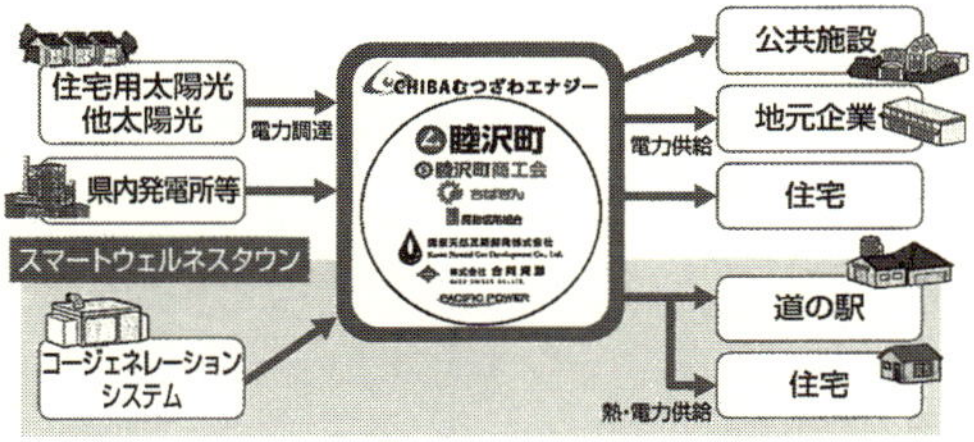

出所：（公社）日本道路協会『道路』平成29年2月号。

ることが重要であった。このシステムを使い、総合戦略の重要施策である道の駅を活用した「スマートウェルネスタウン事業」や総合運動公園を核としたウェルネス・スポーツツーリズム事業へ同社が電力を供給するエネルギーサービスを実施していくこととなる。

CHIBAむつざわエナジー
ポスター

おわりに

町にある地域資源は何か。町の経営に活用できるものは何か。そんな自問自答の中で、地方創生の形を描いてきた。町には豊かな自然、伝統や歴史、農業をはじめとする産業、経済、そして、ふるさとを愛する人材がある。そして、今まで行ってきた地域活性化政策と異なる、長期にわたり持続可能なまちづくりの基幹として、コンパクトビレッジ構想の事業を構築してきた。これらは、人口減少をはじめとするさまざまな町の課題を解消し、総合戦略が目指す目標を具現化するための方策として、民間事業者の持つ力を十分に活用するとともに、町も共同の事業者として支援しあう関係を保持することを念頭に進めてきたもので、２０１９年度中には、その中心事業のスマートウェルネスタウン事業による新「道の駅」がスタートする。夢を持ち、知恵をしぼり、町の未来を創る試みは始まったばかりである。

第3章

地域振興の課題

３－１

北九州市の地域振興―産業構造の変化と人口減少―

日本都市学会・関東都市学会会員　岩武光宏

「地域創生」のキーワードが声高に叫ばれて久しい。現在、全国各地で地方創生と称する「地域づくり」「まちづくり」が盛んに行われている。２０１４年７月25日、内閣官房に「まち・ひと・しごと創生本部」設立準備室が発足した。いわゆる「地方創生本部」であり、同年９月３日には、第２次安倍改造内閣において石破茂が地方創生担当相に起用され同本部は正式発足している。さらに同年11月には「まち・ひと・しごと創生法」が制定された。そして、２０１５年からの５年計画「総合戦略」が策定されたことで、あたかも２０１５年は地方創生元年のような印象を与えがちである。しかし実際のところ、地方創生そのものの考え方や政策立案は古くて新しいテーマだといわざるをえない。例えば、１９８０年から始まった地域振興運動「一村一品運動」は当時の平松大分県知事が提唱したものである。そして、この運動は今日までに日本全国はもとより、広く海外でも展開されている。また、国の地域づくりに係る施策（地方単独事業）の変遷を辿ると、「自ら考え自ら行う地域づくり」事業、いわゆる「ふるさと創生1億円事業」に遡ることとなる。すなわち、１９８９年の各都道府県知事あて自治大臣官房総務審議官通知によれば、「自ら考え自ら行う地域づくり」事業の趣旨として、「地方が知恵を出し、中央が支援する」という、これまでとは異なった発想に基づいて、「自ら考え自ら行う地域づくり」事業を推進し、全国各地において地域の自主性と責任を基礎とした主体的な地域づくりへの取組みを支援し、「ふるさと創生」の起爆剤となることを期待すると明記してある。国の政策は、この「自ら考え自ら行う地域づくり」事業（1988〜1989年）を契機として「ふるさとづくり特別対策事業」（1988〜1990年）、「地域づくり推進事業」（1990〜1992年）、「ふるさとづくり事業」（1993〜2001年）という施策の変遷を辿っている。

それ以降も〈やる気のある地方が自由に独自の施策を展開することにより、「魅力ある地方」に生まれ変わるよう、地方独自のプロジェクトを自ら考え、前向きに取り組む地方自治体に対し、地方交付税等の支援措置を講じる〉ことを目的とした「頑張る地方応援プログラム」（2007〜2009年）等のさまざまな事業を推進してきたのである。以上の事業は、国が地方自治体の主体的なプロジェクトを支援するものである。これらは、国と地方自治体との関係を対等・協力としつつも、行政依存体質（財源依存体質）を助長させる制度でもあった。このような各種制度は、すでに制度疲労をおこしており、抜本的な改革が不可避であるという点が繰り返し指摘されてきたのである。

すなわち地方自治体において、官主導の地域振興は、その独自性を失わせ、長期的展望に立てば、必ずしも地域経済の発展につながるとは限らないということを経験値として知るべきである。当然のことながら、全国一律に同じ政策を適用することは、地域間格差にもつながることから地域固有の問題解決のためには、地域のイニシアティブが重要であることに論を俟たない。にもかかわらず、新型交付金をはじめとする地方創生関連予算を盛り込んだ2016年度予算は成立した。このように「地域創生」というキーワードが頻繁にもてはやされ、ある種のムーブメントのように地域振興の機運が高まっている背景には急速に進む少子高齢化があることにほかならない。

国立社会保障・人口問題研究所「日本の将来推計人口（平成24年1月推計）」によれば、総人口は、2030（平成42）年の1億1,662万人を経て、2048（平成60）年には1億人を割って9,913万人となり、2060（平成72）年には8,674万人になるものと見込まれている。この現実は日本がいずれ人口減少社会に入ることを意味しており、国家的衰退、自治体消滅などの警鐘を鳴らす多くの論者が指摘するところである。くわえて深刻な問題は、生産年齢人口（15～64歳の人口）の減少である。同人口は2010（平成22）年の63・8％から減少を続け、2017（平成29）年には60％台を割った後、2060年（平成72）年には50・9％になるのに対し、高齢人口（65歳以上の人口）は、2010（平成22）年の2,948万人から、団塊の世代および第二次ベビーブーム世代が高齢人口に入った後の2042（平成54）年に3,878万人とピークを迎え、その後は一貫して減少に転じ、2060（平成72）年には3,464万人となる。そのため、高齢化率（高齢人口の総人口に対する割合）は2010（平成22）年の23・0％から、2013（平成25）年には

25・1％で4人に1人を上回り、50年後の2060（平成72）年には39・9％、すなわち2・5人に1人が65歳以上となることが見込まれている。

いうまでもなく、地方振興に関わるさまざまな政策を構想・立案する過程で、この実態を無視して進めることは不可能である。人口動態や年齢構成が地域経済に与える影響はきわめて大きいからである。したがって、このような実態にかんがみ国はさまざまな施策を行っている。例えば、地方創生推進交付金の交付対象事業をみれば、その趣旨を〈「地方版総合戦略」に位置付けられ、地域再生法に基づく地域再生計画に認定される地方公共団体の自主的・主体的な取組で、先導的なものを支援する〉としている。

ちなみに、事業分野の具体例として、①しごと創生・・・ローカルイノベーション、ローカルブランディング（日本版ＤＭＯ、地域商社）、ローカルサービス生産性向上等、②地方への人の流れ・・・移住促進、生涯活躍のまち、地方創生人材の確保・育成等、③働き方改革・・・若者雇用対策、ワークライフバランスの実現等、④まちづくり・・・コンパクトシティ、小さな拠点、まちの賑わいの創出、連携中枢都市等を挙げている。

以上のような直面する地域の実情をふまえたうえで、本章では北九州市を取り上げたい。「地方創生」「地方都市再生」という視点において、同市はある意味でモデルケースとしての示唆に富んでいる。具体的にいえば、重工業の勃興、四大工業地帯の一角として発展、5市（門司、小倉、戸畑、八幡、若松）の対等合併による百万都市の誕生、産業構造の変化による衰退、明治時代から続く県境をまたぐ下関市との合併構想、現在も進む福岡都市圏との都

〔日本の人口推移〕

（万人）　（%）

（万人）	14歳以下人口	15～64歳人口	65歳以上人口	総　数	生産年齢人口割合	高齢化率	合計特殊出生率
1950	2,943	4,966	411	8,320	59.7	4.9	3.65
1955	2,980	5,473	475	8,928	61.3	5.3	2.37
1960	2,807	6,000	535	9,342	64.2	5.7	2.00
1965	2,517	6,693	618	9,828	68.1	6.3	2.14
1970	2,482	7,157	733	10,372	69.0	7.1	2.13
1975	2,722	7,581	887	11,194	67.7	7.9	1.91
1980	2,751	7,884	1,065	11,706	67.4	9.1	1.75
1985	2,603	8,251	1,247	12,105	68.2	10.3	1.76
1990	2,249	8,590	1,490	12,361	69.7	12.1	1.54
1995	2,001	8,717	1,826	12,557	69.5	14.6	1.42
2000	1,847	8,622	2,201	12,693	68.1	17.4	1.36
2005	1,752	8,409	2,567	12,777	66.1	20.2	1.26
2010	1,680	8,103	2,925	12,806	63.8	23.0	1.39
2015	1,583	7,682	3,395	12,660	60.7	26.8	1.38
2020	1,457	7,341	3,612	12,410	59.2	29.1	1.34
2025	1,324	7,085	3,657	12,066	58.7	30.3	1.33
2030	1,204	6,773	3,685	11,662	58.1	31.6	1.34
2035	1,129	6,343	3,741	11,212	56.6	33.4	1.34
2040	1,073	5,787	3,868	10,728	53.9	36.1	1.35
2045	1,012	5,353	3,856	10,221	52.4	37.7	1.35
2050	939	5,001	3,768	9,708	51.5	38.8	1.35
2055	861	4,706	3,626	9,193	51.2	39.4	1.35
2060	791	4,418	3,464	8,674	50.9	39.9	1.35

出所：総務省「国勢調査」および「人口推計」，国立社会保障・人口問題研究所「日本の将来推計人口（平成24年1月推計）：出生中位・死亡中位推計」（各年10月1日現在人口），厚生労働省「人口動態統計」。

市間競争等、あまたの都市問題に取り組んできたのである。現在では、工業都市としての地位は低下したものの、政令指定都市として大きな潜在力を秘めた地域であることに変わりはない。

とりわけ、1987年以降に推進された「北九州ルネッサンス構想」は第一次～第三次（施策数2、253件、着手率99・2％）において、数多くの地域の魅力を創出している。例えば、もともと強みであったもの、地の利ともいえる「アジアと日本を結ぶ物流拠点」という立ち位置を新北九州空港、東九州自動車道、響灘大水深港湾等の大規模インフラ整備によって強化している。また、同市は高度経済成長期に公害を生み、それを克服した経験を活かすべく環境技術を創出し、現在では「世界の環境首都」を標榜している。すなわち、公害対策に全市レベルで取り組み、公害を克服してきたノウハウが環境産業育成へとつながったのである。結果として、環境改善、リサイクル等の新産業の創出によって環境・情報クラスターが形成されたのである。くわえて、以前より環境保全に関する技術やノウハウを途上国に供与するなど、他の自治体に先駆けて国際貢献に努めている点も注目に値する。さらに、産業都市としての再生を図るため、同市の主導で、国公私立の複数の大学（九州工業大学、北九州市立大学、早稲田大学）を1つのキャンパスに集積する「北九州新大学構想」が1994年に策定された。学術研究都市の開設とあわせて、キャンパスの一体的運営と産学連携の推進を行う中核機関として財団法人北九州産業学術推進機構が設立され、研究者情報の提供、大学・企業等の研究成果の発表や交流を図る産学連携フェアの開催、学研都市独自の産学官連携研究開発助成など、地域ニーズに即した独自の取組みを行っている。

しかしながら、このような積極的かつ先進的な取組みにもかかわらず、同市の人口は減少傾向にある。平成27年国勢調査（総務省統計局）によれば、1980年の約106万5千人をピークに人口は減り続けており、2015年には約96万1千人となっている。2010〜2015年の人口動態をみれば、政令指定都市の中では、最も減少（約1万5千人）している。同様に高齢化率も最も高い（29・3％）。他方、同期間において、福岡市は約7万5千人増となっており、政令指定都市の中でもトップの増加数である。このように首位と最下位が同じ、県内の異なる経済圏にあることは、まさに都市間競争、地域間競争の激しさを如実にあらわしているといえよう。これらをかんがみての施策には、前述の地方創生推進交付金の交付対象事業（2016年度、第2回）として「北九州市版『生涯活躍のまち』形成事業」が挙げられる。「地方への人の流れをつくる」とする取組みの事業概要は「〜介護医療システムの維持とアクティブシニアの活躍の場の醸成を通じた移住施策〜」を掲げ、「首都圏等のアクティブシニアの北九州市への新しい人の流れを作り、定住・移住の積極的な推進と地域経済の活性化を図る北九州市版生涯活躍のまち構想に取り組む。このため、シニア・ハローワークと連携し、地域企業とのマッチング支援、カウンセリング等による人材還流促進、お試し居住や移住相談員、コーディネーターの配置による定住・移住促進、介護ロボットの導入による介護従事者の負担を軽減し、介護人材の確保を図る等の取組を進める」としている。そして、重要業績評価指標（ＫＰＩ）は「北九州市への50歳以上の転入者増加数：0人（2016年3月）→448人（2021年3月）」と設定している。このような地方への新しい人の流れを作り出す取組みは、きわめて重要な施策であるものの、他方では東京への一極集中に歯止めがかかる兆しはない。むしろ、東京圏への転入は増加傾向にあり、一極集中は加速化しているのである。ちなみに、北九州市の場合は福岡市への転出が目立っている。まさに、人口減少による地域経済の縮小を克服する取組みは喫緊の課題に位置づけられているといえよう。

また、地域における生産年齢人口を増加させることは、あらたな地域間競争を発生させることでもあるが、『日本の人口推移』にみるように人口動態がはっきりしている以上、それ自体きわめて困難なことでもある。それゆえに、アクティブシニアの活用は重要性が増すのである。さらに、シニア層は消費意欲も旺盛であり知恵やノウハウを豊富に有する世代だけに地域の活性化において、大きな力を発揮することも可能である。また、65歳以上を高齢者とするこれまでの年齢に対する概念を大きく変えざるをえない状況でもある。

もう1つの重要な課題は、地域における産業構造の変化への対応である。前述のように北九州市は、いわゆる「鉄冷え」と呼ばれる産業構造の変化によって人口が減少した代表例でもある。そのため、あらたな企業の誘致のみならず、自律的な「観光まちづくり」等のさまざまな幅広い施策が肝要である。

かつて筆者は北九州市について調査した経験があるが、その際に注目したのは、「門司港レトロ事業」である。同事業は数多い同市の地域活性化策でも成功事例の1つに挙げられる。同事業は概ね完結しているものの、現在の地域再生法に基づく地域再生計画につながる要素を持ち、かつ過去の国の施策をフル活用した事例であるだけに、示唆するものは大きい。その特徴は、第1期事業（1988～1994年）、第2期事業（1997～2003年）を通じて、国庫支出金や地方交付税など国の財源を存分に活用してきたことにほかならない。第1期事業は、観光スポットの創出を意図した歴史的建造物の復元および建設と、それらのアクセスのための整備が中心となっている。すべての事業は市が行っており、民間による投資はみられない。本稿では紙幅の関係上、第1期事業のみを取り上げることとしかできないが、同事業のエッセンスは、第1期に凝縮かつ象徴されているといっても過言ではあるまい。

以下では、当時における市の内部資料（門司港レトロ事業関連事業費、２００２年12月）に則って概観してみたい。同資料によると、第１期事業の総事業費は約２９５億円である。事業概要とその事業費について、岩武（２０１４）によれば、つぎのように整理している。

（1）門司港レトロめぐり・海峡めぐり推進事業

同事業として、まず、総事業費約93億円が投じられている。その内訳は４つの事業からなっている。①歴史的建造物保存事業（約43億円）。これは、門司港地区における代表的な歴史的建造物を保存するとともに、来訪者に親しまれる施設として活用することを目的としている。具体的には「旧門司三井倶楽部」（国指定重要文化財）の移築修理（１９９４年12月完成）、「旧大阪商船」の修復（１９９４年4月完成）となっている。その財源の内訳は、市の単独事業費として、10億8千万円が投じられ、残りの32億2千万円は起債でまかなわれている。②レトロめぐり事業（約20億円）。これは、レトロ地区の中心である「門司港第１船だまり」周辺を来訪者が散策できるようにレトロプロムナードの整備（１９９３年5月完成）や、電線地中化整備事業（１９９３年5月完成）がその内容となっている。その財源の内訳は、市の単独事業費として、４億８千万円が投じられ、残りの14億7千万円は起債でまかなわれている。③海峡めぐり事業（約９億円）。これは、和布利地区の自然景観を生かして、めかり回遊路＝サイクリングロード兼遊歩道の整備（１９９３年3月完成）や、散策路、第２展望台テラスデッキ整備が、おもな内容となっている。その財源の内訳は、市の単独事業費として、2億2千万円が投じられ、残りの6億8千万円は起債でまかなわれている。④観光施設等整備事業（約21億円）。これは、レトロ地区内の歴史的建造物に案内板を設置（1990年3月完成）するとともに、レトロ広場＝駅前広場（1993年6月完成）等が、その内容となっている。その財源の内訳は、市の単独事業費として、5億4千万円が投じられ、残りの16億1千万円は起債でまかなわれている。

これらの事業は、自治省の「ふるさとづくり特別対策事業」の指定をうけ、したがって、総事業費の75％に起債が認められた。また、当該起債の元利償還に要する経費については、当該元利償還金の約50％が地方交付税によって措置されている。

(2) 大連歴史的建造物建設事業

同事業として、総事業費約13億円が投じられている。これは、友好都市である中国・大連市との交流促進およびレトロ地区の魅力向上のため、大連市にある歴史的建造物を複製したものである。現在この建物は、アジア関係書籍を中心とする「国際友好記念図書館」として活用されている。その財源の内訳は、市の単独事業費として、9億円が投じられ、残りの、4億円は起債でまかなわれている。同事業は、建設省・自治省の県境事業を支援する「ツインフロント・プロジェクト」の指定をうけている。したがって、地方交付税の優遇措置で起債償還は半額程度の負担になっている。

(3) 西海岸地区再開発事業

同事業として、総事業費約130億円が投じられている。これは、港湾緑地（ウォーターフロント・プロムナード）（1992年3月完成）、門司港第1船だまりに「親水護岸広場」の建設（1992年3月完成）、門司港第1船だまり「はね橋」の建設（1993年10月完成）、旧門司税関の修復（1994年12月完成）などがおもな内容となっている。同事業は、運輸省と市港湾局の協力による「西海岸ポートルネッサンス」＝西海岸緑地整備事業として、採択された。この中で、旧門司税関の修復事業については、運輸省の「歴史的港湾環境創造整備事業」に指定された。したがって、その財源の内訳は市の単独事業費として、65億円が投じられ、残り半額の65億円は国の補助金でまかなわれている。

(4) 都市計画道路整備事業

同事業には、総事業費約45億円が投じられている。これは、門司港駅周辺の交通渋滞を緩和するバイパス（清滝・西海岸線）の建設（1995年5月完成）が、その内容となっている。同事業は建設省による「都市計画道路整備事業」の指定をうけている。その財源の内訳は、市の単独事業費として、22億円が投じられ、残りの23億円は国の補助でまかなわれている。

(5) レトロ業務ビルの建設

同事業として、総事業費約14億円が投じられている。Ｐｏｒｔ・Ｍｏｊｉ・壱番館の建設（１９９1年11月完成）がその内容となっている。同事業の財源の内訳は市住宅供給公社の資金援助（14億円）で建設されたため、直接、市の一般財源からの持ち出しにはなっていない。

まず、門司港レトロ事業の特徴としては、他の地方都市にみられるような、従来型の再開発手法であるスクラップ・アンド・ビルド方式をとらずに、歴史的建造物および文化財の保存と集積などに重点をおいた都市再生の手法をとった点が挙げられる。

つぎに、前述の第1期事業の概要と事業費の内訳にみるように、レトロ事業の最大の特徴は、その財源調達にあるといえよう。すなわち、第1期事業費の

旧門司税関

出所：筆者撮影。

旧大阪商船

出所：筆者撮影。

総額２９５億円の中で、市の単独事業費の比率は40・４％である。残りの59・６％は起債（25％）と補助金等（34・６％）の組み合わせによってまかなわれており、また、地方債元利償還費の50％は地方交付税で措置されている。このため、実際、市の自己負担率は最終的に52・９％程度になっている。このように北九州市は、国や県の財政支援制度（地域総合整備事業債、中心市街地再活性化特別対策事業等）をうまく利用することで、少ない自己負担で、大きな事業を推進してきたことが評価されよう。このことは、ポジティブな評価として、行政の手腕とみることができる。他方では、国への財政依存体質をあらわすものであり、地方への公共事業のバラマキと捉えられることもありえる。

とりもなおさず門司港レトロ地区においては、あらたに観光施設などを開発する視点ではなく、地域の良さを掘り下げることで、その地域の誇りを再発見することが重要と考える。つまり、そこに住む人のこだわりを明確にして地域の特性をあきらかにすることに注力すべきである。まず、地域のアイデンティティーを浮き彫りにすることが地域活性化の出発点ともいえよう。すなわち、地域にもともとある歴史を大切にすることが、他の地域の人々からは好奇心を持たれ、訪問してみたいという動機付けになるのである。したがって、自分たち

ブルーウイングもじ（はね橋）

出所：筆者撮影。

が住みやすい「まちづくり」、また、歴史や文化に親しめる「まちづくり」を促進することが、そのまま観光資源に直結するのである。このように、地域の観光の動向に関しては、必ずしも自然に与えられた条件だけで決まるものではなく、各地域の自助努力によって来訪者を増やす余地は大きいと考えられる。このような視点からすれば、北九州市の「モノづくり」という観光資源は、他の地域にないほどの財産を有している。今後において、これらの財産（資源）を「人づくり」（人的資源）と結び付けて地域に波及させ、住民参加による「観光まちづくり」を推進すべきである。すなわち、門司港レトロ地区において、自律的な「まちづくり」を推進していくうえでは、基盤として、各々の観光産業に関する継続的な更新および維持が前提となる。しかし、ここでいう継続的な更新とは、行政によるハコモノ投資に頼るものではなく、あくまで、ソフト面における地元住民に息づくホスピタリティや観光マインドを磨きあげることを意味するものであり、アクティブシニアの活用とあわせて地方創生の鍵を握るものと考える。

【参考文献等】

岩武光宏「地方都市における地域再生の歩み―北九州市（門司港レトロ事業）を事例として―」『東京交通短期大学研究紀要』第19号、東京交通学会、２０１４年、１２１―１３３頁。

岩武光宏「地方都市における新しい大学像―九州栄養福祉大学を事例として―」『東京交通短期大学研究紀要』第20号、東京交通学会、２０１５年、１０３―１１７頁。

北九州市役所「門司港レトロ事業関連事業費」２００２年。

木村俊昭『地域創生　成功の方程式―できる化・見える化・しくみ化―』ぎょうせい、２０１６年。

大正大学地域構想研究所『地域人』第16号、大正大学出版会、２０１７年。

平松守彦『地方からの変革　地域力と人間力―グローカルという発想』角川書店、２００２年。

増田寛也（監修・解説）『地方創生の最前線』公人の友社、２０１６年。

国立社会保障・人口問題研究所ホームページ（http://www.ipss.go.jp）

首相官邸ホームページ（http://www.kantei.go.jp）

総務省ホームページ（http://www.soumu.go.jp）

3－2

「社会健康共創」事業～「産官学民」一体の地域振興へ

シダックス株式会社代表取締役会長兼社長　志太勤一

はじめに

シダックスグループは、今日「運動・栄養・休息・心・美」という「人を幸福にするためのすべてのサービス領域」で事業を展開し、「総合サービス企業」として多くの地方自治体の広範な公共サービスを担い得る、日本でも稀な事業構造を持つ企業として発展を続けている。すなわちシダックスの取組みは、ただ公共サービスを受託するのではなく、地域の発展のための独自の提案を行う「理念開発・大義実現企業」としての側面を持っているのだ。

本稿では今日、地域振興の一翼を担うシダックスの事業について、自らの想いや、当社の基本理念、企業理念、事業戦略などを紹介したい。さらに日本と世界の変化を捉え、次世代の地域振興のために、今日、シダックスが取り組んでいる試みについても併せて言及したい。

1　健康創造から社会問題解決へ

（1）給食事業から生まれた「健康創造企業」という理念

シダックスグループは現在、給食事業、外食事業、車両運行管理事業、社会（公共）サービス事業、スポーツ&カルチャー事業、ヘルス&ビューティー事業などを行っている。さらに、この事業展開を支えるために、一元購買・一元物流システムを統括するエスロジックス事業、品質管理、アレルギー対策、新たな事業を生みだす企業コンソーシアム開発を行うほか、日本文化の研究などを行う研究所を持つに至っている。一見、通常の多角化に見える多方面にわたる事業活動の進展は、実は「理念開発」に貫かれたものである。

シダックスグループの創業は給食事業である。1959年、東京都調布市の一工場の小さな食堂の受託運営からすべては始まった。創業者の革新的な発明の数々、特にアメリカ型のカフェテリア方式を日本独自のものに発展させることで飛躍的成長を遂げた。

しかしその一方で、受託産業で労働集約型のサービス産業である給食事業では価格競争の問題がつきまとった。革新的アイデアもすぐに追従され、際限のない競争が続く。これらは昨今のブラック企業が生まれる一因でもあり、サービス産業の未来、働く人の幸福を考えた場合、乗り越えなければならない課題である。

それに対してシダックスが出した答えが「理念開発」である。まず、お客様と真摯に向き合い、自らの事業である「食」をとことん追究することから始めた。そうして生まれたのが「マザーフード」という基本理念である。これは「母なる大地がはぐくんだ豊かな大地と海の恵みを、すべてのお客様に母親のように真心を込めてお届けする」という基本理念であり、「子を想う母の気持ち」をもって、お客様と向きあおう、という考え方である。母が子に接するときには嘘偽りはない。ただその子の健康を想い、幸せを想い、誠実に接する。その人間の真理に根ざした心をもって仕事をしよう、ということである。

この考え方を推し進め、さらにお客様の本当の幸せを実現しようとすると、食だけでは足りない。健康を実現する「運動・栄養・休息・心・美」すべてにおいてサービスを提供しなければ目的は達成されないという考えに至った。そこで生まれたのが「健康創造企業」—お客様の「健康創造」のために必要なすべての事業を行うという理念である。この理念のもと、今日の幅広い事業領域を持つに至った。

マザーフードの心、健康創造の理念は、シダックスのサービスポリシーであり、今日でも行動規範となっている。ともすれば利益・効率至上主義になりがちな企業体において、この理念に反する行動・事業は行わないというモラルの原点となっている。

(2)「運動・栄養・休息・心・美」という事業領域の進展

まず「栄養」という事業領域についてであるが、企業、病院、学校、保育園・幼稚園、高齢者施設などにおける給食事業には、それぞれ独自のノウハウがある。「美味しさ」の追究はもちろんのこと、「安心・安全」を実現するために生産者、メーカー、現場までを一元的に管理する業界唯一の一元購買・一元物流システムを開発。これは給食業界唯一のものだ。アレルギー対応食提供ノウハウにおいても日本最高峰と自負している。イギリス・ロンドン、ロシア・ソチ、ブラジル・リオデジャネイロにおいても、現地サポート拠点で食事提供業務を行うなど、アスリート食分野での先進性も高い。これらは「健康創造」という理念の賜物であり、今日のような混迷の時代においてはその「正しさ＝信用」が事業競争力につながっている。これを支える2千名を超える栄養士たちを組織化し教育機会の拡大に力を注いでいる。

「休息」では、外食、特に一般的にはレストランカラオケが有名であろう。シダックスがカラオケ業界で先んじられたのは、「健康創造」の理念に基づき、「地域の新・公民館（コミュニティー・センター）として、家族三世代が集える健全なカラオケ店」を目指したからだ。「きれい・おいしい・うれしい」というコンセプトにそれは象徴される。現在、多くの同業他社もこのラインを踏襲している。ただ昨今は世相の変化で「ひとりカラオケ」「格安カラオケ」の流行があるが、シダックスは理念上その方向に安易に追従しない。苦労はあるだろうが、グループの理念にのっとり、原点に立ち返った運営と、イノベーションによって新たな集いの場の創出を目指していく。

その1つの方向が施設の複合化であり、その意味でも「運動」（スポーツ分野）と「心」（カルチャー分野）の事業は今後ますます重要となっていく。スポーツ分野では、レストランカラオケ店舗内に、国家資格者を常駐させた、ライトでありつつ、しっかりとしたフィットネスクラブ「VIGROS（ヴィグロス）」の併設をスタートさせた。カルチャー分野では、レストランカラオケ店舗内に併設する形で、15年以上の歴史を持つシダックスカルチャークラブというカルチャースクール運営を行っている。

「運動」（スポーツ分野）と「心」（カルチャー分野）については、本社が東京・渋谷という文化集積地ならではの特性を活かすため、2013年に、本社ビル内にカルチャーワークスをオープン。国内屈指の健康・フィットネス・食の専門家の知見をベースにアスリートからキッズ、エルダーまで、あらゆる年齢・性別・志向の人々、一人ひとりに合ったオリジナルなトレーニング・メニューを提供するフィットネスクラブの運営と、シダックスカルチャークラブの上部組織として、シダックスが独自の教育理念に基づいた学びを提供する「シダックス・アカデミー」講座の運営を開始。同アカデミーには、特別理事に俳優・書画家である片岡鶴太郎氏、江戸無血開城を1人で成し遂げた剣豪・山岡鉄舟師ゆかりの禅寺・全生庵の平井正修師、アドバイザーには世界的作曲家・三枝成彰氏、米国アカデミー賞に通じるショートショートフィルムフェスティバル&アジアを牽引する俳優の別所哲也氏を迎え、これからの日本社会で必要とされる「学び」の形を追究している。

「美」では、ヘルス&ビューティー事業として、誰もが耳にしたことがあるであろう日本有数の高級ホテルや旅館内で、エステティックサロンの運営を受託している。全国の観光地に拠点を持つネットワークは、後述する「ツーリズム開発」の重要なポイントとなる。

その他、創業の給食と同様に長い歴史を持つ事業に「車両運行管理」がある。その中で自治体の首長や企業の役員の専用車、いわゆる「黒塗りの車」の運行管理においては日本最大である。さらに路線バス、スクールバス、地域の交通を支えるコミュニティバス、デマンドバス、また、インバウンドなどに対応する貸切バスの運行管理を行っている。過疎と高齢化に悩む地域のデマンドバス運行ノウハウでは、欠便を出さない効率的な運転サービス士の配置を可能にするなど、日本のトップランナーである。この分野は、ITとともに自動運転技術や衛星技術などの活用がさらに進んだとき、重要な地域振興のベースとなる可能性を秘めている。

こうした車両運行管理事業の信用と実績から派生し、現在大きな成長分野となっているのが社会サービス事業である。これは自治体が展開する公共サービスや、民間企業のさまざまな業務を受託運営する事業である。シダックスの特徴は、これまで述べてきた多岐にわたるサービス力をもって、ほとんどあらゆる社会（公共）サービスを行うことができる点である。児童館、図書館、体育館、高齢者施設、観光施設などの施設運営というハード面からソフト面も担える。食や教育というコンテンツが必要とされる学童クラブの受託運営数では先頭を走っていることもその証左の1つであろう。

(3) 社会問題解決という理念

「健康創造」の理念のもと事業範囲を広げていく中で、新たな理念が生まれた。お客様の真の幸福を追究するならば、1人だけの健康を実現してもだめだ。その人が暮らす社会全体が健全なものでなければならない。すなわち「社会問題解決」を為していこうという考え方である。

「社会問題解決」を企業の理念とすることにあたって大事にしているのは「事業」として、これを行うというポイントである。本書のテーマでもある「地域振興」であるが、企業がそれに携わる場合、単なるCSRでは継続が難しい。緻密に計画し、投資し、収益を上げる「事業」として行うからこそ、継続し、さらに発展させるという企業のよい面が活きる。

社会（公共）サービスであっても、特に観光や物販という分野は大きなビジネスチャンスとなる。

2 シダックスグループの社会サービス

(1) トータルアウトソーシングサービスという独自ノウハウ

事業として社会（公共）サービスを行う場合、シダックス独自の手法として「トータルアウトソーシングサービス」がある。これは複数の業務を一括して請け負うことでコストダウンとサービスクオリティーのアップを実現させることである。

社会（公共）サービスにはさまざまな分野があり、管轄部署が分かれていたり、請け負う側の事業者もそれぞれ異なっていることが多い。これを一元化することで、双方の業務を軽減し、意志の疎通をスムーズにして、より高いレベルのサービスを実現していく手法である。

事業者としては、人財の効率的活用になる。例えば、同じ自治体のお客様に、スクールバスの運転士、清掃業務スタッフ、施設管理者、学校給食の調理スタッフ、学童保育のスタッフなど、シダックスグループのさまざまなプロフェッショナルの人財を一括して送り届けられるというシステムである。1人のスタッフが複数業務を行うことで、さらなる効率化も図れる。今後の人手不足に対応し、社会問題も解決するのと同時に、シルバー、女性の活用だけでなく、シダックスでパート、アルバイトから正社員登用という雇用の安定を実現するなど、人財のマルチタスク化を実施。これが全体のコストダウンとサービス向上にもつながっていく。これがシダックスのトータルアウトソーシングサービスである。

トータルアウトソーシングサービスを全国的なレベルで実行可能な事業者は、日本においては「総合サービス力」を持つシダックスしかない。この「総合サービス力」を持って、自治体から期待される役割が「地域振興」である。次項からその実例のいくつかを紹介したい。

（2）地域再活性プランニング事業

①「中心市街地活性化」チカ守山（滋賀県守山市）

人口約8万人の滋賀県守山市は、京都、大阪のベッドタウンである。JR守山駅前の中心

チカ守山のイベントスペース（多目的ホール）

チカ守山キッズフロア

安来節演芸館

市街地活性化を目的として、駅西口のセルバ守山の地下フロアを対象にした「守山市セルバ守山地下にぎわい創出事業」の一環として、シダックスが「チカ守山」という複合施設をプロデュース。おしゃれなカフェ、幼児が低価格で、安心して遊べるキッズフロア、会議利用やカラオケ、食事などができる多目的スペース、地元の農産物を中心に扱う市場、市民のためのイベントスペースなどを設置。新たな市民の憩いのスペースとして利用されている。

②「地方再活性化」道の駅たけはら、たけはら海の駅（広島県竹原市）

広島県竹原市は、歴史ある町並みが残る観光地である。シダックスは「道の駅たけはら」

「たけはら海の駅」の運営を受託するほか、複数の保存建築物の運営管理も担い、アニメ「たまゆら」やＮＨＫの朝の連続テレビ小説「マッサン」で脚光を浴びた同地の観光力アップに貢献している。

道の駅内にあるレストランは、地域産の食材を活かした本格的なフレンチメニューがコース料理で味わえるほか、スマートフォンによる情報発信なども行って地場の産物の物販は売上を2倍近く伸ばし、地元のお客様が３割という継続性の高い事業を実現している。一方、海の駅のレストランでは、外食事業で培ったシダックスグループのノウハウを活かしたリーズナブルなイタリアンメニューの提供を実現している。

③「地方公共施設活性化」安来節演芸館（島根県安来市）

全国に名高い安来節の伝承・発信のための施設運営を行っている。ここでは、レストラン、お土産店の運営のほか、安来節を普及するため保存会の定期的な公演活動のサポートや、地元市民のためのカルチャー活動も行っている。どじょう、安来節という同地の観光の中心コンテンツを展開する場を担い、観光振興と地域の活性化両面の活動を行っている。

④「地方公共施設活性化」道の駅サーモンパーク千歳（北海道千歳市）

北海道千歳市にある水族館に併設された道の駅のリニューアルとともに受託運営を開始。市内の有名料理店の誘致をはじめ、コンビニエンスストアの併設、子ども向けスペースの拡大と独自イベントの導入などの工夫をこらし集客率を高めている。

⑤「地方温浴施設の活性化」新湯治場・秋山温泉（山梨県上野原市）

山梨県上野原市にある温浴施設で、食事面の改善、イベント導入、健康増進のプログラムの導入や、サービスのエンターテインメント化に着手。特にサウナのサービスでは、入浴者に熱波を送ることで楽しませるサービスを実施する熱波師（ねっぱし）というスタッフを配置。この技術・パフォーマンスを競う「熱波甲子園」というイベントにおいて、女性部門で2年連続優勝を果たしており、社員のモチベーション・技術アップを促進し、地元客のリピート集客に成功している。

⑥「地方温浴・キャンプ施設の活性化」ゆうパークおごせ（埼玉県越生町）

埼玉県越生市にあるゆうパークおごせは、スパやバーベキュー場、キャンプ場、多目的広場などを兼ね備えた温浴・レジャー施設。ここに、写真撮影会や野外フェス、カラオケ大会などシダックスならではのイベントを導入し、地域住民や遠方から訪れる方々に広く活用される施設として再生させた。

⑦「屋外・屋内プール施設の魅力再構築」マリンスパあたみ（静岡県熱海市）

屋外、屋内にさまざまなプールを擁する同観光施設に、日

マリンスパあたみ

本水泳連盟公認で、全国競技会も開催可能なプールを活用したシルバー層の全国大会の開催誘致、レストランのリニューアル、ハロウィンのお化け屋敷など季節に応じた各種イベントを開催し、魅力を高めた。

（3）複合施設の運営

①　北本市立こども図書館、北本市立児童館（埼玉県北本市）

埼玉県北本市では、主に乳幼児から小学校低学年までを対象にした児童書を備えるこども図書館と児童館を合同した施設の運営を受託。児童館においては、当社の特性を活かし、学童利用の子供たちの送迎業務、子供向け体操の出張講座の開催など、シダックスのグループ力を結集させている。

②　いしかわ百万石物語・江戸本店（東京都中央区）

銀座一丁目移転にあたりリニューアルした石川県のアンテナショップ「いしかわ百万石物語・江戸本店」の運営を受託。以前にはなかったイートインスペースを設け、食の企業のノウハウを十分に活かし、石川の食材を使ったメニューを提供。人気を博している。また、同じビルの３Ｆに、和食の創作料理店「ＷＡＳＨＯＫＵ　錦繍楼（きんしゅうろう）」もオープンさせ、メニューに石川県の郷土料理を盛り込み、シナジー効果を高める試みを行っている。

なお、石川県内においては、道の駅のとじまの受託運営も行っており、石川県の魅力を社内で共有している。

③　取手ウェルネスプラザ（茨城県取手市）

市民の交流支援、健康づくり、子育て支援を目的として建設された同施設の受託運営を行っている。可変式座席など最新設備を持つ多目的ホールやセミナールーム、キッズプレイルーム、カフェスペースなどをトータルで運営。子どもからエルダーまで集う新たな地域の交流の場となっている。また、シダックスが得意とする手法であるアライアンス（戦略的同盟）によって、トレーニングジムは株式会社コナミスポーツクラブと組んで運営しているのも特徴である。

④　高井戸地域区民センター（東京都杉並区）

東京都杉並区にあるカフェや図書室、体育室などを備えた地域区民センター、高齢者活動支援センター、温泉プールで構成される複合施設の運営受託を行っている。近年、各自治体では市民センター、長寿センターなどの名称で、市民の憩いの場づくりが盛んである。その目的の多くは「健康増進」「子育て支援」となっている。少子高齢化が進む中、医療費抑制のためにも「健康づくり」は必須であるし、未来を担う子どもたち、そして親たちへの支援も重要である。人口増加地域、そして多くの人口減少地域でもそのテーマは共通である。それぞれの地域特性に応じた「集いの場」の運営が可能なのも、「健康創造」「社会問題解決」の志のもと、長くノウハウ、人財を蓄積したシダックスグループならではのことである。

3　地域とともに地域の発展を目指す

（1）観光立国を支えるサービス産業

政府の方針であるGDP6百兆円計画。今後、日本の社会構造・地勢的状況から農業、工業共に、生産拠点としての成長を望むことは難しい。成長分野として期待されているのは「サービス産業」である。

日本に残された資産は「人」である。そして風土や歴史を含む「文化」。これが今後の成長の源でありキーポイントである。実際に外国人観光客数は伸び続けておりショッピング以外の体験型消費、すなわち旅―ツーリズムへのニーズは高い。2020年の東京オリンピック・パラリンピックを契機として、さらにインバウンド需要を高め「観光立国」となることが、今後、わが国の重要な成長戦略となろう。

そして、政府が注目するのは実は内需喚起でもある。政府目標として外国人観光客は現在の2千万人から4千万人と倍増を目論む。その市場は3兆円であり、倍増して6兆円というのが目標となる市場である。しかし、国内の観光市場はすでに20兆円あるのである。デフレ脱却を目指しながらもなかなか有効策が生まれず、飲食業界をはじめとする個人消費の高単価化は難しい中、観光には人はおカネを使うのである。

観光とはすなわち、さまざまなサービスの複合体である。移動すること、食すること、買い物、自然や建造物・アートなどを鑑賞すること、生活や文化を学ぶこと。そのすべてに「人」が関わる。「人」こそが最大の資産であるサービス産業は、このツーリズム開発の分野の重要な担い手である。

そして観光は地域振興の重要なファクターとなる。どの土地にも固有の文化・風物があり、それを再発見、再価値化して独自の観光産業を地域で持つことで、雇用も創出され、コミュニティーも復活し、人口増加とまでいかなくとも維持をして、住民がいきいきとした生活を送ることができるようにする。今後の地域振興の重要な担い手はツーリズムであり、サービス産業なのだ。

(2) 社会健康共創企業～ソーシャル・ウェルネス・カンパニーへ

現在、シダックスグループは全国に約1、800ある自治体のうち、約350カ所の自治体で、車両運行管理事業や社会（公共）サービス事業を展開している。自治体のニーズはさまざまであるが、近年多く寄せられるのはやはり、「観光振興」「人口増加」に関する声である。シダックスが開発してきた総合サービス力を「地域振興」に活かすべき時代が訪れている。

今、この時、シダックスが大切にしているのは「大義」である。何のためにその仕事を為すのか。「健康創造」「社会問題解決」という理念のもと進んできたシダックスグループは、その2つを融合させ、今後は「ソーシャル・ウェルネス・カンパニー～健全・健康な社会を実現する企業～」を目指している。「地域振興」を為していくとき、地域と「共に価値を創り上げる」という姿勢が特に大事であると考えているからである。

サービス産業の課題の1つに「生産性の低さ」が挙げられる。これを解消するには「新しい価値」の創造しかない。ITによって巨大な選択権を得た生活者は「ここにしかない・これまでにない価値」にしか高い対価を支払わない。逆に「ここにしかない・これまでにない価値」があれば莫大な広告宣伝費など使わずともSNSで十分に拡散されていく時代だ。巨大資本でなくとも、中央でなく地方であっても工夫次第で十分に勝機はある。

そして観光ーツーリズムは、まさにその可能性を見せてくれる分野である。シダックスが社会の健全な発展という大義を持って、地域の価値を高める事業を為していきたいと考えている所以である。ただ中央のパッケージを売り込むのではない。地域の人々と「共に創る」ことで本当の意味で地域振興がなされるのだ。

(3)「学びのツーリズム」の実践・開発～中伊豆ワイナリーヒルズ～

シダックスが考える観光振興のモデルとして「文化・体験」をメインコンテンツとした「学びのツーリズム」がある。現在、静岡県伊豆市と協働し、自社で保有する「中伊豆ワイナリーヒルズ」において、その実践・開発を行おうとしている。

「中伊豆ワイナリーヒルズ」は、日本有数の本格的ワイナリーをはじめ、野球場、サッカー場、プール、テニスコート、アスレチックフィールドなどのスポーツ施設と、温泉のあるホテルを有する。さらに2016年末には、本格的な乗馬体験もできる牧場も新たにオープンした。このアセットを最大活用し、スポーツ&カルチャー・コンテンツを軸としたツーリズムを開発し、地域観光のハブとしていく。このプロジェクトには産官学の他、地元NPO法人など「民」の協力もあり、新たな地方創生の形を模索している。この「中伊豆モデル」をひな型に、それぞれの地域の魅力を再価値化する「学びのツーリズム」を地域と共に開発し、新たな地域振興の波が訪れつつあるのだ。

中伊豆ワイナリーヒルズ

3－3 地域振興と観光

大正大学人間学部教授　白土　健

はじめに

我が国は総面積約37万8千㎢、離島も含め6、852の島々から成る。北から南まで、自然や歴史、文化、産業、食に代表されるように、地域ごとの特色と魅力がある。しかし今日、地方では経済が衰退し、人口減少や産業の空洞化など活力が失われている。人口の自然減に加え、高齢化により経済規模を大きく縮小させ、東京への一極集中により労働力人口である若者の流出が止まらず、過疎化・高齢化の加速を招き、負のスパイラルに直面している。地方の停滞は我が国の停滞でもある。この状態から抜け出すには地域の再生が重要なカギとなる。

そこで各地方は、疲弊した地方経済の基盤として観光産業を地域振興の柱に据えることで、若者の定着・増加と出生率の向上を図ろうと動き出している。観光の振興によって、新たな雇用を生み出し、投資を促進し、交流人口を増やすことは、「真の観光立国」を目指す我が国にとっても重要な政策課題である。政府は「地方創生」を最重要施策として掲げており、観光こそがそれを担う産業と位置づけている。観光には、日本経済を元気にする潜在的な力が秘められているのだ。そのためには、各地方が地域独自の魅力を再発見し、情報発信力を高めるなど、国内外から多くの旅行者を惹きつける手立てを講じることが急務となっている。

本稿では、我が国の観光動向を踏まえ、観光施策を紹介し、地域振興における観光のあり方についての考察を行う。

1　我が国の観光動向

バブル崩壊（1990年代初頭）、リーマンショック（2008年）、東日本大震災（2011年）と混迷の時を経て2012年に誕生した安倍政権。その経済政策「アベノミクス」による大幅な規制緩和を含む「観光立国アクション・プログラム2014」の成果により、昨今の訪日外国人旅行者の急増ぶりは驚異的である。このアクション・プログラム2014では、2020年に訪日外国人旅行者数2000万人という、それまでとは次元の異なる高い目標が設定され（2012年836万人、2013年1,036万人）、達成に向けて「戦略的なビザ要件の緩和」「免税制度の拡充」「出入国管理体制の充実」「航空ネットワーク拡大」など、インバウンド拡大に向けた諸政策が実行された。追い風に乗って、この目標は大幅に前倒しの2016年に達成された。

勢いに乗った政府は、この動きをさらに加速させるべく2016年3月「明日の日本を支える観光ビジョン」で新たな目標を掲げた。その数は訪日外国人2020年：4、000万人、2030年：6、000万人（2015年実績1、974万人）、訪日外国人旅行消費額2020年：8兆円、2030年：15兆円（2015年実績3兆4、771億円）としている。しかしながら、オリンピック・パラリンピックイヤーの2020年に倍増の4、000万人という目標を達成するには多くの課題が散見される。

一番の課題は、旅行需要が極端に偏在していることだ。東京と大阪で外国人延べ宿泊者数全体の4割、上位5都道府県（東京・大阪・北海道・京都・沖縄）で6割を超え、上位10都道府県でほぼ8割を占めている。政府の施策は功を奏し、次なる目標に向かって順調に突き進んでいるようだが、効果は東京をはじめとする大都市圏や主要観光地に止まっているのが現状だ。こういった地域では、ホテル等宿泊施設の不足や観光地に向かう二次交通の充実も課題となっている。

では、外国人旅行者が訪れるエリアが偏ってしまうのはなぜだろうか。要因として、ニーズに合致していない地方の観光戦略、差別化が図られていないマーケティング、主要国際空港から不便な交通アクセス、インフラ整備の遅れ、地域をプロデュースする人材不足やさまざまな規制等々が指摘されている。その他、ゴールデンウィーク・お盆・年末年始・連休等、極端に季節的な偏在が需要を抑制している要因の1つに挙げられている。2020年まであと数年。限られた時間の中で目標達成を目指すには、外国人旅行者を地域へも誘導し、国内での分散を図らなければ困難だろう。インバウンド市場の地方への分散化は待ったなしの状況なのだ。

もっとも、観光市場のターゲットは外国人の旅行者だけではない。国内における2016年の延べ宿泊者数は4億9、249万人であり、内4億2、310万人が日本人の延べ宿泊者数である。日本人の延べ宿泊者数はここ数年、大きな変動は見られないが、国内旅行消費額に目を向ければ2016年は20兆9、547億円。2006年の約30兆円をピークに減少傾向にあり、若者の旅行離れが指摘されるようになってからも久しい。また旅行離れは若者に限らない。各種調査によると、日本人1人当たり年1回以上、国内宿泊旅行をする人口の割合が低下傾向にある。

政府は前述した「明日の日本を支える観光ビジョン」で、〝観光資源の魅力を極め「地方創生」の礎に〟とうたっている。観光資源の魅力向上により外需の拡大、観光産業の誘致・強化、地方創生に取り組むという強い決意を表した。この政府の旗ふりのもと、各地域は自ら集客できる力を強化し、観光消費を雇用に結びつける具体的な方策を打ち立て、早急に実行していかねばならない。課題は山積している。

2　地域振興の実現に向けた観光施策

観光行政は「総合行政」と言われる。観光は関連する分野が非常に多岐にわたるため、さまざまな産業や組織等と関わっているからだ。このため、その産業に関連する行政主幹との調整や協働が不可欠となる。しかし本来の目的は、来訪者としての観光客の来訪目的達成や利便性の向上、満足を獲得することにある。さらに国内振興、地域振興であり、地域住民や地域の産業等において大きな効果を上げるための役割と言ってよい。

２０１６年3月、政府は「明日の日本を支える観光ビジョン」を公表した。この中で、「観光資源の魅力を極め、地方創生の礎に」「観光産業を改革し、国際競争力を高め、我が国の基幹産業に」「すべての旅行者が、ストレスなく快適に観光を満喫できる環境に」という3つの視点を柱に、10の改革をまとめている。10の改革とは次の通りである。

【10の改革】

①「魅力ある公的施設」を、ひろく国民、そして世界に開放

②「文化財」を、「保存優先」から観光客目線での「理解促進」、そして「活用」へ

③「国立公園」を、世界水準の「ナショナルパーク」へ

④おもな観光地で「景観計画」をつくり、美しい街並みへ

⑤古い規制を見直し、生産性を大切にする観光産業へ
⑥あたらしい市場を開拓し、長期滞在と消費拡大を同時に実現
⑦疲弊した温泉街や地方都市を、未来発想の経営で再生・活性化
⑧ソフトインフラを飛躍的に改善し、世界一快適な滞在を実現
⑨「地方創生回廊」を完備し、全国どこへでも快適な旅行を実現
⑩「働きかた」と「休みかた」を改革し、躍動感あふれる社会を実現

このビジョンの公表直後、改革①の〝「魅力ある公的施設」を、ひろく国民、そして世界に開放〟の実現プログラムとして、赤坂迎賓館、続いて京都迎賓館が通年で一般公開されるようになったことは記憶に新しい。オリンピック・パラリンピックイヤーを数年後に控え、我が国の観光政策は、当面、この観光ビジョンに則って進められる。

続いて紹介する我が国における観光振興に関連する主な事業も、この観光ビジョンに従って計画・実行される。

(1) アクション・プログラム

観光立国推進閣僚会議は、毎年、「観光立国実現に向けたアクション・プログラム」を策定している。「観光ビジョンの実現に向けたアクション・プログラム２０１７」では、「明日の日本を支える観光ビジョン」で掲げた３つの視点に沿って、次のような事業項目を挙げて

いる。

【視点1】観光資源の魅力を極め「地方創成」の礎に
・魅力ある公的施設・インフラの大胆な公開・開放
・文化財の観光資源としての開花
・国立公園の「ナショナルパーク」としてのブランド化
・景観の優れた観光資産の保全・活用による観光地の魅力向上
・滞在型農山漁村の確立・形成
・古民家等の歴史的資源を活用した観光まちづくりの推進
・新たな観光資源の開拓
・地方の商店街等における観光需要の獲得・伝統工芸品等の消費拡大
・広域観光周遊ルートの世界水準への改善
・「観光立国ショーケース」の形成推進
・東北の観光復興

【視点2】観光産業を革新し、国際競争力を高め、我が国の基幹産業に
・観光関係の規制・制度の総合的な見直し
・民泊サービスへの対応

・産業界ニーズを踏まえた観光経営人材の育成・強化
・宿泊施設不足の早急な解消及び多様なニーズに合わせた宿泊施設の提供
・世界水準のＤＭＯ(1)の形成・育成
・「観光地再生・活性化ファンド」の継続的な展開
・次世代の観光立国実現のための財源の検討
・訪日プロモーションの戦略的高度化
・インバウンド観光促進のための多様な魅力の対外発信強化
・ＭＩＣＥ(2)誘致の促進
・ビザの戦略的緩和
・訪日教育旅行の活性化
・観光教育の充実
・若者のアウトバウンド活性化

【視点３】すべての旅行者が、ストレスなく快適に観光を満喫できる環境に
・最先端技術を活用した革新的な出入国審査等の実現
・民間のまちづくり活動等による「観光・まち一体再生」の推進
・キャッシュレス環境の飛躍的改善（海外発行カード対応ＡＴＭの設置促進を含む）
・通信環境の飛躍的向上と誰もが一人歩きできる環境の実現

・多言語対応による情報発信
・急患等にも十分対応できる外国人患者受入体制の充実
・「世界一安全な国、日本」の良好な治安等を体感できる環境整備
・「地方創生回廊」の完備
・地方空港のゲートウェイ機能強化とＬＣＣ[3]就航促進
・クルーズ船受入の更なる拡充
・公共交通利用環境の革新
・休暇改革
・オリパラに向けたユニバーサルデザインの推進

（2）観光地域づくり

国・地方公共団体・民間事業者等が連携して、訪日外国人旅行者の受入環境の整備、安心して快適に、移動・滞在・観光することができる環境の提供、また訪問を促進するとともに、満足度を高め、リピーターの増加を図ることを目指し、全国で魅力ある観光地域づくりを推進するために、次のような事業を実施している。

・日本版ＤＭＯ候補法人登録制度／広域連携ＤＭＯ６件、地域連携ＤＭＯ67件、地域ＤＭＯ72件の計１４５件を登録（２０１７年5月現在）
・広域観光周遊ルート形成促進事業／全国11ルートを認定、モデルコースを公表

・地域資源を活用した観光地魅力創造事業
・観光地域ブランド確立支援事業
・スノーリゾート地域の活性化に向けた検討会等開催など

(3) 国際観光

海外との観光交流を推進するために実施されている事業には、2003年から継続して実施されている「ビジット・ジャパン事業(訪日旅行促進事業)」がある。主に海外向けのキャンペーンを行っているこの事業では、今後、既存市場の確保に加え、新たな市場として欧米豪・富裕層・若年層の開拓を進めることやICTの活用によりきめ細かな観光情報を提供することによって地方への誘客を図ろうとしている。

また、訪日外国人旅行者の滞在時の快適性や観光地の魅力向上、観光地までの移動円滑化等を図るため「訪日外国人旅行者受入環境整備緊急対策事業」として、「宿泊施設インバウンド対応支援」「交通サービスインバウンド対応支援」「地方での消費拡大に向けたインバウンド対応支援」を対象とした事業に補助金を交付し、訪日外国人旅行者の受入環境整備を行うための緊急対策の促進に取り組んでいる。

(4) 観光産業

旅行者ニーズに合った観光産業の高度化を支援するための事業を実施。「ユニバーサルツーリズム促進事業」では、誰もが安心して旅行を楽しむことができる環境を整備するため、地方自治体、NPO等の幅広い関係者の協力の下、地域の受入体制強化を進めるほか、旅行商品の造成・普及のための取組みを実施し、ユニバーサルツーリズムの普及・促進を図っている。また、若者の旅行振興のため、中学校から大学を対象に、旅のスペシャリストを講師として派遣し、学生向けに旅の意義・素晴らしさを伝える「若旅☆授業」が開催されている。

(5) 人材の育成・活用

今後、我が国が世界の中で観光産業の競争力を大幅に高めていくには、観光産業の優秀な担い手を抜本的に育成・強化することが急務である。そこで「トップレベルの経営人材」「中核を担う人材」「即戦力となる地域の実践的な観光人材」の三層構造で、観光分野に特化した人材の育成のため「観光人材育成支援事業」等が実施されている。これらの事業によって大学や専門学校、民間事業者などが人材育成プログラムの提供を始めている。

(6) 休暇取得の促進

顕在化していない需要を掘り起こし、交流人口の拡大による地域の活性化を図るために、休暇取得の促進に取り組む事業を実施。また、休暇を取得し、旅に出ることは、健康の維持や創造力、柔軟な視点を養うことにつながるとしている。「〝ポジティブ・オフ〟運動」「家族の時間づくりプロジェクト」などの取組みが推進されている。今後、２０２０年までに年次有給休暇の取得率を70％に向上させるため、年次有給休暇の取得を使用者に義務づけた「労働基準法」の改正が予定されている。

おわりに

バブル経済崩壊後、所有することにより豊かさを実感するという風潮から、人々は自分だけの体験や趣味に価値を見出すようになってきた。消費者の価値観や好みが多様化し、ネットには情報が溢れている。これまでの「観光」といえば、「非日常」である大型テーマパーク、高級リゾート地、大自然、名所旧跡、温泉地等が求められてきたが、今日では、その土地にある「日常の暮らし」に関心が寄せられるようになった。つまり、地域の暮らしそのものが観光資源となっており、ここでの日常の暮らしぶりは訪問者にとっては普段とは異なる「異文化体験・非日常」であり、この驚きが旅の価値となる。さらに、その地で暮らす住人との交流、さまざまな体験が「経験価値」となり新しい観光資源として認識されるようになってきた。交流が深まれば、長期滞在やリピートにつながる。現代では、観光を通じて生まれる人と人のつながりが、より大きな幸福感を生むのだ。したがって、今後の観光を考えるとき、社会環境も含めた暮らしのあり方をトータルに考えることが重要となる。地域で育まれた街並みや暮らしの文化の中で私たちがその地で過ごし、時代とともに成長する姿を地域が温かく見守り、支える世界を創っていかなければならない。

我が国の観光立国に向けた取組みは、「観光先進国」に向けた取組みへと、新たなステージに移行した、と観光立国推進閣僚会議は「観光ビジョン実現プログラム２０１６」の冒頭で明言したが、日本が真の観光先進国の仲間入りを果たすためには、国と自治体などの公的機関、観光の現場が一丸となって、多くの課題を地道にクリアしていくことが必要だ。また、観光が地域振興の切り札となるか否かは、地方の公的機関のマネジメントやマーケティングの力によるところが大きい。このため日本全国すべての地域で、観光振興策が成功するとは言いがたいだろう。変化を続ける観光客のニーズを見極め、的確な手を打てた地域のみが「勝ち組」となる。各地方が競い合って、あるいは連携して、観光力を高め、経済的な豊かさを享受し、そこに暮らす人々にとって持続可能な社会を築くための観光施策が求められるのだ。

１つの時代が終わろうとするBIG CHANGEの現代は、社会の変化を予期し、変化に対応するだけでなく、望ましい社会を創り出すことが必要である。BIG CHANGEはBIG CHANCE。言葉からみるように変化が激しい時代をチャンスと考えるには、GをCにする必要がある。GをCにするためにはGの中のTを省く。TとはＴＡＢＯＯ。つまり、思い込みや既成概念をいかに頭から取るかにかかっているのだ。それらは「変えたい！」という熱い気持ちはもちろん、「どこを変えるのか」の現状の理解と発想力、持続する力である。名所旧跡・温泉などの観光資源を有する地域では、団体さんで賑わった時代から脱却しきれない体質が残っているところもある。また名所旧跡・温泉などの観光資源を有しない地域では、資源がないことを理由に観光客の誘致が困難という固定概念が根強い。まずは、そんな思い込みや既成概念を払うこと、すぐには利益に結びつかなくとも、長い目で観光資源を磨き上げることが大切だろう。

世界経済フォーラム（ＷＥＦ）が発表した２０１７年版の「旅行・観光競争力ランキング」では、１位スペイン、２位フランス、３位ドイツ、と上位３カ国は前回２０１５年版と変動がなかった。しかし、日本は過去最高の４位となり、前回の９位から大きく順位を上げた。このランキングは環境、政策と状況、インフラ、自然・文化資源の４領域をさらに14項目90指標に分け、それぞれの指標に基づく各種の調査により算出されている。総合的には４位だが、例えば、Tourist Service Infrastructure（旅行者サービスのインフラ）という項目では29位と決して誇れる結果ではない。ランキング結果におごることなく、指標ごとの内容を検証し、他国の優位点を分析し、今後の観光振興策に活かすことが大切である。

先日、文化施設を擁する瀬戸内のある島の財団関係者から話を聞いた。この島は、平成の大合併で本土の市に編入された。財団は合併までに設立されており、文化施設は、地元マスコミにもしばしば取り上げられ、開館からしばらくは観光客で賑わっていたが、最近は減ってきたそうだ。地域おこしとして始めた関連イベントも、準備や人の手配に追われ、もうやめたいが、やめられない。地元に働く場がないから、地元に残る若い人は少ない。合併により、人口の少ない島しょ部へ、市行政からの支援は受けにくい。今後どのように運営していくかが切実な課題だそうだ。確かに、この島には、観光に訪れても食事をする施設が少なすぎる。宿泊施設も整備されているとは言いがたく、交通も不便だ。このような事例は、地方においては、枚挙にいとまがないと言っても過言ではないだろう。これまでも過疎化・高齢化対策として、国は、あの手この手の地域振興策を実行してきた。現政府の掲げる「地方創生」の柱とも言える観光による地域振興も、一時的なにぎわいを創出するものではなく、地域に根ざしたものとならなければ、本末転倒であろう。オリンピック・パラリンピックを東京へ招致するためのIOC総会のプレゼンテーションのキーワードだった「おもてなし」。これからの世界は、互いを思いやるホスピタリティ精神が大切だ。そして、真のおもてなしが提供される地域づくりこそ、地域振興を支え、地域に訪れる人々や地域に暮らす人々に、満足、すなわち幸福を運んでくるのではないだろうか。

【注】

（1）DMO（Destination Management/Marketing Organization）／米国と欧州で普及している組織体で、我が国では「様々な地域資源を組み合わせた観光地の一体的なブランドづくり、ウェブ・SNS等を活用した情報発信・プロモーション、効果的なマーケティング、戦略策定等について、地域が主体となって行う観光地域づくりの推進主体」とされている。

（2）MICE（マイス）／Meeting（企業等のミーティング）、Incentive（企業等の報奨・研修旅行）、Convention（国際会議）、Exhibition/Event（展示会・イベント）の総称。

（３）ＬＣＣ（Low Cost Carrier）／効率的な運営により低価格の運賃で運航サービスを提供する航空会社のこと。

【参考文献等】

白土　健・望月義人編著『観光を学ぶ』八千代出版、２０１５年。
白土　健ほか『新・観光を学ぶ』八千代出版、２０１７年。
観光庁ホームページ（http://www.mlit.go.jp/kankocho/）（2017-04-30）
日本政府観光局（ＪＮＴＯ）ホームページ（http://www.jnto.go.jp/jpn/index.html）（2017-04-30）
The World Economic Forum HP より"The Travel & Tourism Competitiveness Report 2017"
（https://www.weforum.org/reports/the-travel-tourism-competitiveness-report-2017）（2017-04-30）

3－4

地域社会におけるタクシーの役割

株式会社かすみ交通代表取締役　鹿住良人

はじめに

人口減少社会では、従来の電車・バスといった大量輸送を前提とする公共交通を維持することが困難となり、交通空白地の増加により住民生活に深刻な問題を引き起こすことが懸念される。どのような地域に住もうが「移動する権利」は基本的人権であるとの認識も知られるようになっている。交通移動手段を確保することは、電気・下水道・道路などと同様に重要な社会的インフラである。国が「地方創生」を推進する中で、地域での交通システムがどうあるべきか、避けて通れない課題となっている。都市と地方では社会変化の状況やスピードも異なるため、別々のアプローチが必要であろう。本稿ではこうした状況下において公共交通の担い手の1つであるタクシーを取り上げ、他の交通網との補完関係を考えながら、その活用と将来の姿を展望したい。

タクシーは、小規模・オンデマンド・面的輸送に対応しやすいという特徴を持っており、大量輸送を前提とする電車・バスが経営的に成立しにくい地域では重要な交通移動手段となる。他の交通機関に比べ独特な多くの課題を抱えているが、裏を返せば個性的で他にはできないサービスが可能であるということを意味している。今後必要となるのは、タクシーを「公共交通」の担い手の一部と考えて他の交通手段をいかに補完していくか、またタクシーならではの独自性を利用者の利便性向上にいかに役立てるかであると考える。

1 タクシーの特性

タクシーの営業形態は、駅や空港・ホテルなど人の集積する場所で客待ちする形態、道路を走行しながら客を探すいわゆる流し営業、無線などによる会社からの連絡で客先に出向く形態、最近ではスマートフォン普及によりインターネットを活用した客とのマッチングシステムの利用などがみられる。人々の生活の動きに合わせて運行場所、時間を選択できる自由度が利用者側からみると大きな魅力となっている。少ない人数を個別の要望にこたえて輸送するサービスのため、ほかの公共交通機関に比べると料金が割高に感じるのが弱点といえる。また、タクシー車内の密室性からくるさまざまなトラブル（経路・接客への不満、犯罪の温床）にも不断の対策が必要とされる。

タクシーは鉄道やバスに比べて営業の面的輸送や運行時間の点で小回りが利くことは明確である。自宅から目的地までドア・ツー・ドアで移動が可能であり、相応の運賃を払えば誰もが利用できる。利用可能な時間はタクシー会社が任意に決めることができ、1日24時間、どの時間帯でも対応がとりやすい。最終時刻の鉄道・バスを逃した後にタクシーだけが取り得る唯一の交通移動手段になることは都市部では日常的な光景となっている。

もはや公共交通は道路・下水道と同じく重要な社会的インフラである。過疎地に暮らす人の生活を支えることや、自分で自動車を運転できない子供や高齢者の移動を確保することは国民の基本的な権利であるとも言える。大量輸送が成立しないローカル地域ではタクシーを公共性の高いレベルで活用することが期待される。

2　自治体とタクシー業の連携

人口減少により従来の公共交通を維持することが困難になった各地の自治体が、交通手段を確保する独自の政策を試みている。その形態は、輸送規模を小さくしたコミュニティバス、配車効率を考えた乗合タクシー、個人所有の車を活用する自家用自動車有償旅客運送と、各自治体の事情に合わせた方法が採用されている。コミュニティバスでも利用者が満たない場合や、道路が狭隘なため通行困難な地域ではタクシーなどの小さな車両が有効となる。

ここでの「乗合タクシー」とは乗車定員11人未満の車両で行う乗合型の旅客運送サービスをいう。過疎地域や中山間地域など特に人口密度の低いところで利用されることが多い。通常のタクシーでは「一人または一グループ」での利用しか認められず、いわゆる「相乗り」は道路運送法で禁止されている。海外の空港などで見られる、同方向の客を運転手が自ら集めることはできない。わが国では国土交通省運輸局の許可が必要であり、当該自治体との連携を前提としているものである。乗合タクシーには「定時定路線型」と「デマンド型」があり、前者は路線バスのような運行形態であり、後者は予約センターが受け付けた利用者の場所・時間を調整し希望に沿う運行を可能とする形態である。

東京のような大都市でも、交通困難者（交通貧困層、移動困難者、トランスポートプアなどとも呼ばれる）は存在する。公共交通の空白地や、住民が大幅に減少した巨大ニュータウンなどで買い物難民と呼ばれる人々の問題が取り上げられた。都市部におけるこれらの問題をみるために東京都葛飾区の事例に少し触れておく。

区では、交通アクセス改善調査（１９９７年度）を実施し、公共交通不便地区の抽出を行った。その結果、「不便度ランク１」と位置づけられた地域住民の利便性を改善するため、区とバス事業者等の連絡・調整の場として「葛飾区都市交通連絡調整会議」を設置（２００５年３月）し、バス路線網の充実を図ってきた。それでもバス事業者が撤退を余儀なくされる

黒のアルファード

ウーバーシステムを活用した都市型ハイヤー。

地域が生じることを防げず、道路運送法に基づく「地域公共交通会議」を開催し、「地域乗合タクシー」事業の推進を決定した。モデル事業を経て２０００年より本格運行している。同事業は「地域乗合タクシーさくら」の呼称で、区内の特定タクシー事業者に委託している。10人乗りワンボックス車両を用い、交通不便地区を循環する形で運行されている。同地区は、道路が狭く地理的に分断されているうえ、住民が減少し高齢化が著しい地域である。運行車両は車椅子にも対応しており、地域の特性を考慮したサービスになっている。大都市でも人口は減少する局面を迎えており、同様の問題を抱える自治体はこれから増える一方である。タクシー事業者も地域の構成員として、公共交通システムに組み込まれていかなくてはならない。

一方で、過疎に悩む自治体ではより広範で多様な対応を迫られる。地方における公共交通の先進的な取組みとして、京丹後市の事例を紹介する。

京都府の北部山陰側に位置し、２００４年に6町の合併により生まれた。当時、約6万7千人の人口は、２０１６年現在で1万人以上減少しており、過疎化による住民の足の確保に悩みを抱えてきた。年齢別の人口分布から見ても、少子高齢化が進む過疎地域の典型となっている。こうした状況に対処するため、市は、近畿で初の地域交通会議を設置（２００５年12月）し、公共交通空白地の問題に取り組んだ。さらに、地方創生も含めた改正地域再生法に基づく地域再生計画の第1号認定（全国で20団体）を受け（２０１４年1月）、総合的な交通網の構築を目指している。

路線バスの衰退が進む中、住民にとりわかりやすく使いやすい交通移動手段を提供しようと、「上限200円バス」（路線バスの低額運賃の導入）を2006年から運行開始した。この施策は多大な効果をあげ、利用者倍増、運賃収入3割増、自治体負担の軽減を同時に達成した。しかしながら、需要の少ない中山間地域においても持続可能な公共交通の維持を図ることは大きな課題であったため、タクシーなどの民間事業を活用する次のような政策を重ねて実施することとなった。①ICTを活用したネットワーク化（環境整備）。②地域公共交通会議の合意による「乗合タクシー」の運行。③高齢者対象の「上限200円レール」実施。④タクシー空白地域へのEV（電気）タクシー導入。加えて国の規制緩和を要望し、高齢者等見守り代行・病院受付代行等のサービス、小荷物の域内運送なども可能とする全国初の総合乗合タクシーを創設。⑤EV車両の普及推進のための充電設備（エリア）の拠点整備。⑥小型EV車両の導入。これら事業を進めるにあたっては国の補助制度を積極的に活用している。国土交通省所管の地域公共交通確保維持改善事業補助、地域交通のグリーン化を通じた電気自動車の加速度的普及促進事業補助、超小型モビリティの導入促進補助事業補助、経済産業省所管の次世代自動車充電インフラ整備促進事業補助も活用している。

過疎自治体のモデルとなる事業を推進している京丹後市であるが、こうした施策は国から地方への権限委譲の流れの中で実現していったものである。そこでは、つまり地方が権限を持つことは責任をも持たなければならないということである。事業の成否は自治体の総合力に負うところが大きい。結果として自治体間に格差が生まれることも想定されており、国も容認の姿勢である。

タクシーの役割を詳しくみていくと、鉄道、路線バスが埋めきれない交通空白地をカバーすることを期待されていることがわかる。しかし、そのタクシー会社でさえも順次撤退し、交通困難者を生み出す地域が広く残されている。その対策として自家用有償旅客運送を活用しようとする動きが発生している。丹後町において、地元のＮＰＯ法人「気張る！　ふるさと丹後町」が運行主体となり、ウーバー・ジャパン社の協力のもと、情報技術を活用した公共交通空白地有償運送を行っている。２０１６年５月にスタートしたこのサービスは「ささえ合い交通」と称され、地域住民が主体的に関わりながら維持されている。この事業が注目されたのは、従来の法規では認められない白ナンバーでの有償運送であること、乗合サービスも認めていること、それらに加えて国内のタクシー業界が警戒しているウーバー・システムを導入するという点である。ウーバー・テクノロジーズ社（米国）はＩＴを駆使したタクシー配車アプリを、世界４５０以上の都市で運用している米国の企業である。スマートフォンやタブレットを利用し、タクシー運転者と利用者をオンデマンドで効率よくマッチングすることで、双方の利便性を向上させる

南葛SCラッピングのNV200

地域貢献が求められるタクシー会社。
地元サカッーチームへの協賛の実例。

とされる。

国内のタクシー会社でも、すでにこのシステムをハイヤーサービスと結びつけて採用するところが少なからずあるが、京丹後市の事例では、自家用車を持つ一般の人を運転手として活用するという、いわゆる「白タク」の懸念が持たれる手法を取っていることが注目されるところである。シェアリングエコノミー（共有型経済）が社会の各方面に影響を及ぼしているが、タクシーが中心的に担ってきた個別輸送の分野でもその潮流は避けられず、「ライドシェア」という用語が新たな社会生活の価値を生み出そうとしているようにも見える。国が規制緩和を進めていく中で、タクシー業界の激しい抵抗にもかかわらず一歩を踏み出したことに対し、今後どのようになるか見届ける必要がある。

3　ウーバー、ライドシェアの問題点

これに先立ちウーバー社は、２０１５年2月、福岡市で一般のドライバーが自家用車で送迎サービスをするという実験を九州産学連携機構と協力して行った。しかし、この実験に対しては、国から指導を受けて一時中止することを受け入れた。このときは利用者から運賃相当の料金は取らずに、ウーバー社がデータ提供料としてドライバーに支払いをする形式をとったものの、国は、実態が運送対価に変わりはなく道路運送法に抵触する「白タク」に相当するとの判断で指導を行ったのである。

一方、京丹後市の場合は、道路運送法第78条第2号での規定に基づく「バス・タクシー等が運行されていない過疎地域等について、住民の日常生活における移動手段を確保するため、国土交通大臣の登録を受けた市町村・NPO等が自家用車を用いて有償で運送する輸送サービスの提供」であるため合法である。

自家用有償旅客運送（白ナンバー車でのサービス提供）の認められている範疇は下記の領域に限られる。

（1）市町村運営による交通空白地輸送と福祉輸送
（2）公共交通空白地有償運送
（3）福祉有償運送

とりわけタクシー業界を巻き込んでの議論になっているのが、ここで言う（2）公共交通空白地有償運送の領域である。タクシー業界としては、こうした国の施策に反対声明を出し続けながら、交通空白地を作らないために採算度外視の営業所設置もやむなしとの構えで対抗している。京丹後市においては一度、既存のタクシー会社が撤退した後に、その空白を埋めるため京都市内の2社が歩調を合わせて進出した。これ以上の白タクによる侵食を防ぐための瀬戸際の措置である。

従来の規制を破る交通政策を提案し続けている京丹後市であるが、施策については手順を踏んで進めていくスタンスをとっている。諸外国で普及しつつあるライドシェアに関しては、運送事業者が存在せず運行管理が適切に行われる保証もなく、すべて個々の自動車保有者や運転者に責任が委ねられている。日本の基準に照らすと公共的な輸送手段としては適当でないと判断されている。今のところ、指定のNPO法人がドライバーを管理しながら、法律で規定された公共交通空白地有償運送の範囲で実証実験を重ねていくという立ち位置である。丹後町を中心とするこの運行サービスは、京丹後市内であればどこへでも行くことができる。しかし、丹後町以外の町から帰路に利用することができないということで、これには当地のタクシー会社への配慮が伺える。

２０１５年９月に国家戦略特区の申請を行った際は、運営主体を株式会社にできることと、区域会議が認定することで従来の交通空白地に加え、郊外ニュータウン、通勤時間帯における主要幹線道路、観光や特殊需要へも対応できるように要望を出した。しかしながら、タクシー業界からの抵抗もあり、一足飛びには実現できなかった。いま稼働している仕組みがどのような結果をもたらすかが、今後同様の公共交通問題に悩む過疎自治体の政策にも大きな影響を与えることとなるであろう。

4　タクシー業界における技術革新と公共交通

最新技術を公共交通と組み合わせることで、現在とはまったく違った生活環境が生まれる。運行に関して人間がかかわる領域が減少していき、モビリティ（移動）の特性だけが抽出され、形を変えて目の前に現れていくことが予想される。クルマの自動運転技術は、情報技術の加速度的な進化と相まって、遠くない将来に実用的な形を見せるだろう。技術的には時間の問題とみられるが、自動運転の公共交通への実用化の問題は、その法的側面であり社会がどう受け入れるかにかかわっている。今の人々が、自分はもういない未来にどう責任を持ってデザインするかを規制の枠にとらわれずに発想することがより重要であろう。

２０２０年の東京五輪開催は１つの節目となっており、自治体、企業、研究機関が連携しさまざまな取組みをしているので、いくつかの事例を列挙する。

○ハイブリッド車公道実験（石川県珠洲市）２０１５年10月
　金沢大学が約60キロの公道走行実験。

○無人運転バスの試験運行（千葉市）２０１６年8月
　DeNAが公園内で無人運転バスの試験運行。大型施設間の人員輸送に利用。

○「無人タクシー」実験（愛知県春日井市）２０１６年10月
　緊急事態のための運転役を置きながらも3キロほどの自動走行。

○ゴルフカート自動走行（石川県輪島市）２０１６年11月
タクシーよりも小型の乗り物（スモールビークル）を住民の足として活用。
○大規模実験（秋田県仙北市）２０１６年11月
内閣府と共同で全国初の自動運転バスの公道走行実験。
○バス自動運転の大規模公道実験（沖縄県南城市）２０１７年３月
内閣府と共同での公道走行実験。２０２５年の完全自動運転実用化。
○大規模実験計画（北海道）２０１７年夏までに計画提案
道内の広大な敷地を利用し、自動運転関連産業の集積。

タクシー業界では、ウーバーやライドシェアへの危機感に比べて、自動運転の影響はまだ先のこととして現実感がないためか、具体的な議論はまだ目立たない。今できるレベルでいえば、自動ブレーキや衝突回避など車両の安全性能を高める面と、情報端末を車両に装備することで利用者の利便性を高めることを目指している。例えば、トヨタ自動車がタクシー専用の次世代カーとして２０１７年秋に投入する予定の「ＪＡＰＡＮタクシー」は、ワゴン型、ＬＰガスハイブリッド、自動安全装置、タブレット端末装備、ユニバーサルデザインなどの特徴を持っており、２０２０年には、日本を象徴するタクシー車両として活躍することを期待してのものである。自動運転が高度化すれば、当然、タクシーに代替される局面に接することになる。運転者の高齢化が進み、増加する事故リスクを抱えており、さらに賃金も相対的に低く人員確保が難しいタクシー業界にとっては、急速に取って代わられる恐れがある。開発中の次世代タクシーはあくまで過渡期の形態であり、今から心構えをしておくことは必要である。

現在の私どもが知っている形態のタクシーが、将来、形を変えて人間が運転していなくても、また我々の知っているタクシー会社が無くなったとしても、利用客にとって不都合なことはないだろう。いまのタクシーからは想像もできないような、いわゆる「タクシー機能」を持った別の乗り物が登場し、利用客の選択肢が広がればより良いことである。

おわりに

２０１７年1月30日、東京で「初乗り距離短縮運賃」のタクシーが走り出した。旧来の初乗り2キロ７３０円から、初乗り１・０５２キロ４１０円に変更となり、短距離利用を促進する施策である。新運賃では2キロまでは４１０円から７３０円まで段階的に上昇し、６・５キロ以上から旧運賃より割高になるというものである。実際には、輸送速度が時速10キロ以下になると時間距離併用制が取られるため、2キロ以内でも以前より値上げになる場合もある。運用1カ月後の状況をみると、タクシー会社にとっては増収につながっているようである。これについては、恒常的に短距離利用が増えたのか、単に中距離利用者の負担が増えただけなのか、今後のさらなる精査が必要である。これまで公共交通の輸送量は、鉄道と航空が増加、バスが横ばいに対して、タクシーは減少に歯止めがかからない状況が続いている。個別輸送の主体であるはずだが、利用者からは選択されにくい問題が多く存在したためである。特にタクシーのデメリットとして料金の割高感があったが、初乗り410円ではまずは1つの政策を打ったということである。

2016年のタクシー運転者（法人、男性）の平均年収（推定）は約332万円で、前年比約22・3万円増加したと報道された。大都市圏を中心とした減車政策と、運転者自体の減少による営業車両の稼働低下の結果として、1人当たり営業収入が増加したものと考えられる。このことで全産業男性平均との格差がかなり縮まったが、それでもまだ200万円以上の差がある。国とタクシー業界が手を取り合って、保護的な政策を維持するだけでは限界があるのではないか。これまでの保護政策が限界を迎えていることは、このところの外国資本によるシェアリングエコノミー型のビジネス、例えばライドシェアをみれば明らかである。これらの新サービスは、排他的に既存事業者の経営手法を守ることからでは決して生まれない概念である。

タクシー業界を危惧し、将来に渡って人々に支持される移動サービスを提供し続けようと真摯に考える経営者は、本来であればウーバーのようなサービスは日本主導で始めるべきであったと思っているのではないだろうか。業界団体がこぞって新業態に反対しているのは早く追いつくための時間稼ぎのように映る。いくら抵抗しても、いずれ社会は大きく変わることは皆が覚悟しなければならない。日本では公共交通に対して、「安心・安全」を第一の眼目とするという誇るべきコンセンサスがある。これを担保するためには、これまでに培われたタクシー会社の運行管理技術をそのまま流用できれば間違いなく効率的かつ効果的である。事故による責任主体が明確でない一般個人によるライドシェアなどはさほど脅威にならないはずである。ようやく国内でも、さまざまなタクシー配車アプリが運用され始めた。日本人はもともと、外来の文化や技術を取り込みカスタマイズするのが得意である。情報ハイテクに対しても、スマートフォン・アプリの利用状況をみれば自然と生活に溶け込んでいくだろう。充実したハイテク活用の素地があったにもかかわらず、タクシーサービスへの応用に発想が至らなかったのは残念なことである。これまでの規制で守られた経営環境が、時代の変化をうまくとらえた斬新なサービス創出を阻害した側面は否定できない。

少子高齢社会の公共交通を考えるときに、地域社会の形そのものが変わることを考慮しなければならない。地域を自立可能な規模に集約し、コンパクトな自治機能を維持することを政府主導で進めている。立地適正化計画と呼ばれるコンパクト化構想を打ち出した市町村は300を超えている。居住区を限定し、そこに商業施設やライフライン、公共交通を集約することで人口減の影響を緩和する政策である。郊外に一方的に広がっていった生活圏を、逆向きのベクトルで構成し直すという意味合いがあり、今後の日本社会を作る上での転換点となるものである。地域の中心となる町では公共交通も運用が容易になる。そこでは先端技術による自動運転の安全な移動体が活躍するかもしれない。現実には、過疎地域の住民を強制的に移動することはできないため、理想とするコンパクトシティが完成するまでには膨大な時間を要すると予想される。公共交通を担うタクシーとしては、その実現までのそれぞれの段階で他の交通手段との補完機能を築いていかなければならない。

過疎地域では利用できる公共交通が当然に制限されるだろう。秋山義継先生は著書『現代交通論』（２００６年）の中で、農山村地域では自家用車が鉄道・バスを代替してきたこと、さらにその自家用車でも「需要のすべてをカバーすることは不可能である」と述べられている。公共交通を維持できない地域では自家用車が欠かせない手段となるが、免許を持たない主婦や老人・子供などは自由意志による移動ができない。こうした過疎地域では国や自治体による地方バス路線への公的補助や、市町村自らのバス路線代替運行によって辛うじて存続している。タクシーの強みは個別オンデマンド対応と小規模低コストにある。タクシーが公的な財政援助を受けるに値する資質を備え、事情のそれぞれに異なる地域において最優先の相談先となれるように、柔軟なオプションを用意できる自由を確保しつつ存続していければ、多様性のある社会を交通の面から保障する一助となることが考えられる。

【参考文献等】

秋山義継『現代交通論』創成社、２００６年。
秋山義継「タクシー問題（Ⅲ）」『拓殖大学政治行政研究』第５巻、２０１４年。
京丹後市役所「京丹後市市勢要覧」２０１６年。
京丹後市「国家戦略特区ヒアリング説明資料」２０１５年。

（http://www.kantei.go.jp/jp/singi/tiiki/kokusentoc_wg/h27/150911kyoutango_shiryou01.pdf）

東京交通新聞２０１７年1月1日。1月30日。2月27日。

内閣官房まち・ひと・しごと創生本部事務局「地方創生の取組について」２０１５年。

（http://www.kantei.go.jp/jp/singi/sousei/meeting/souseikaigi/h27-10-30-siryou2.pdf）

中村文彦・加藤博和監修『地域公共交通づくりハンドブック』国土交通省自動車交通局旅客課、２００９年。

日本経済新聞２０１７年1月9日。1月30日。2月5日。2月8日。3月4日。

葛飾区公式サイト（http://www.city.katsushika.lg.jp/kurashi/1000060/1003616/1003752.html）

京丹後市公式サイト（http://www.city.kyotango.lg.jp/）

3－5

お金の流れを作り、地域社会の担い手を育てる

―地方創生への提言―

衆議院議員　葉梨康弘

我が国は現在、本格的な人口減少に直面している。

この現象は、地方において特に顕著で、「限界集落」「消滅可能性都市」といった言葉が、現実のものとなりつつある。

その一方、東京オリンピック・パラリンピックを控え、東京は極めて元気で、多くの方々が、「本当にこれで良いのだろうか」という印象を持っているように思う。

本稿では、私なりの地方創生への提言を行う考えだが、当然のことながら、地方が元気になるためには、まずは、日本経済全体が元気になることが大切である。

そこで、Ⅰにおいては、「お金の流れを作る」をテーマに、日本経済の活性化方策についての小論をしたため、Ⅱにおいては、「地域社会の担い手を作る」をテーマに、地方を元気にする方法について考えてみたいと思う。

Ⅰ 「お金の流れを作る」～マクロの視点

1 「お金が回らない日本経済」

我が国経済は、アベノミクスの成果で、最近でこそかなり元気になり、少なくとも、「デフレではない」という状況を達成した。有効求人倍率も、民主党政権下の0・82から1・43に改善、失業率も、4・1％から3・1％に縮減し、ほぼ完全雇用を達成している。

ただ、デフレ状況からの完全脱却を果たしたかというと、必ずしもそうではない。賃上げ→消費増→企業収益増→設備投資増といった、「お金が回る」経済の好循環は、現在はまだ緒についたばかりである。これを数字で見てみよう。

(1) 企業の貯金（内部留保）は過去最高、でも設備投資は？

図表1は、企業の内部留保（貯金）の推移である。内部留保は、2001年以降ほぼ一貫して増加し、2015年には377兆円と、過去最高を記録した。もとより、設備投資や賃上げにもお金を使っていただければ、企業がお金を貯め込むこと自体は悪いことではない。ただ、お金を使っていないことが問題なのである。

そこで、図表2で設備投資の推移を、図表3で労働分配率の推移を示したが、企業の内部

図表１　企業の内部留保の推移（金融・保険業除く）

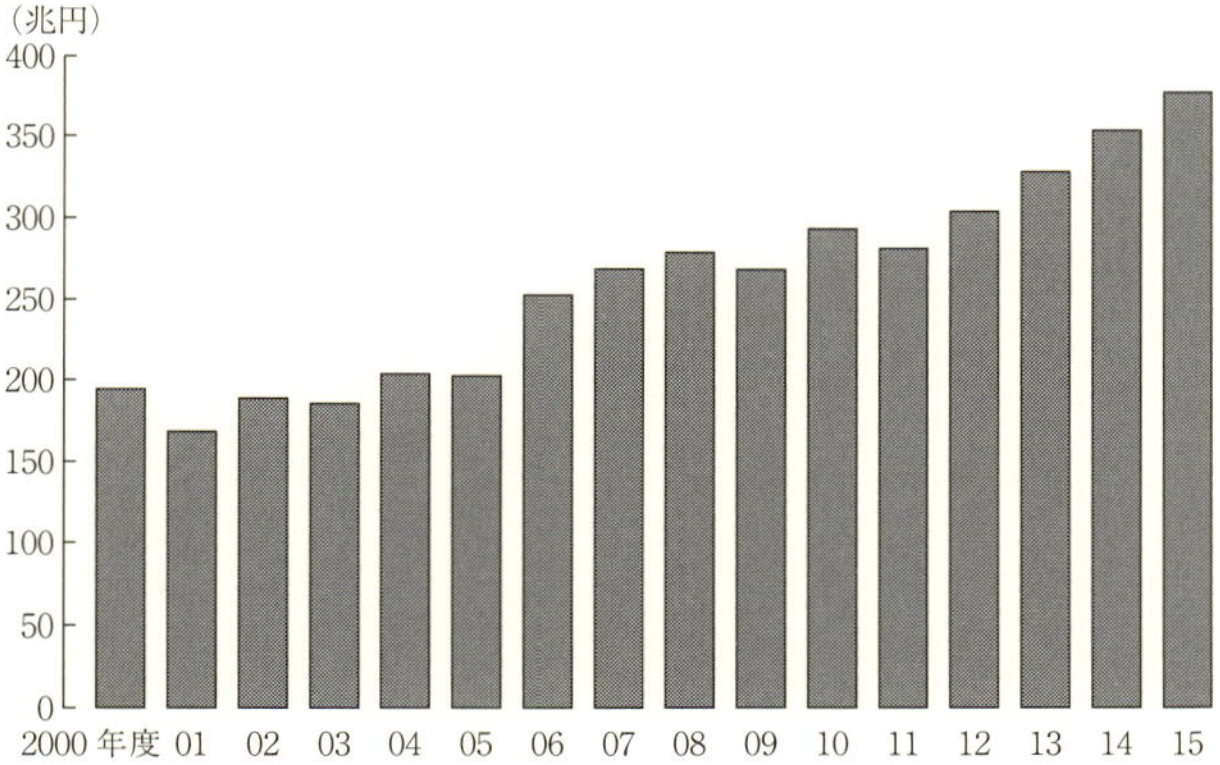

出所：財務省。

図表３

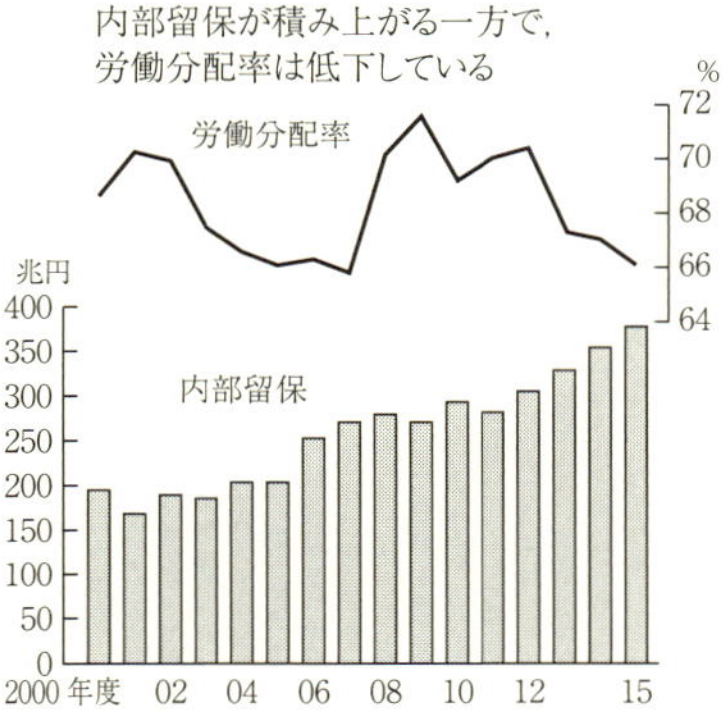

出所：財務省。

図表２　業種別設備投資額

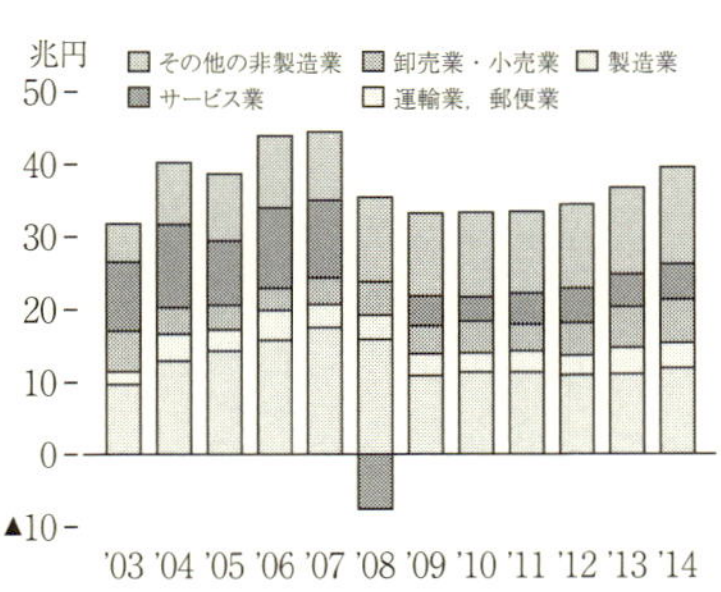

出所：法人企業統計調査。

留保の伸びに比べると、設備投資や賃金が伸びているとは言えない状況にあった（だからこそ現在、政府は「賃上げ」に熱心に取り組んでいる）。

もっとも、設備投資の中でも、国内への投資はあまり伸びていないが、諸外国に対しての対外直接投資は、2001年の3、850万ドルが、2015年には1億3、075万ドルと、大きな伸びを示していることは注目すべきであろう。

（2）個人金融資産は過去最高、でも個人消費は？

図表4は、我が国の個人金融資産の推移を示したもので、2016年には1、752兆円と、過去最高を記録した。

ところが、個人消費の方はというと、図表5に示したように、特に2014年の消費税引き上げ後、冷え込んだ状況が続いている。

お金を貯め込んで、これが使われていないわけである。

このように、「貯金・内部留保」と「投資・消費」の間に、ミスマッチがあることは否めないであろう。アベノミクスは、このミスマッチを解消するための取組みであると言っても過言ではないのである。次に、このミスマッチの解消のため、アベノミクスが行った努力と、新たな発展のステージに向けた提案について述べてみよう。

図表４　日本の家計金融資産構成額推移（直近５年間）（兆円）

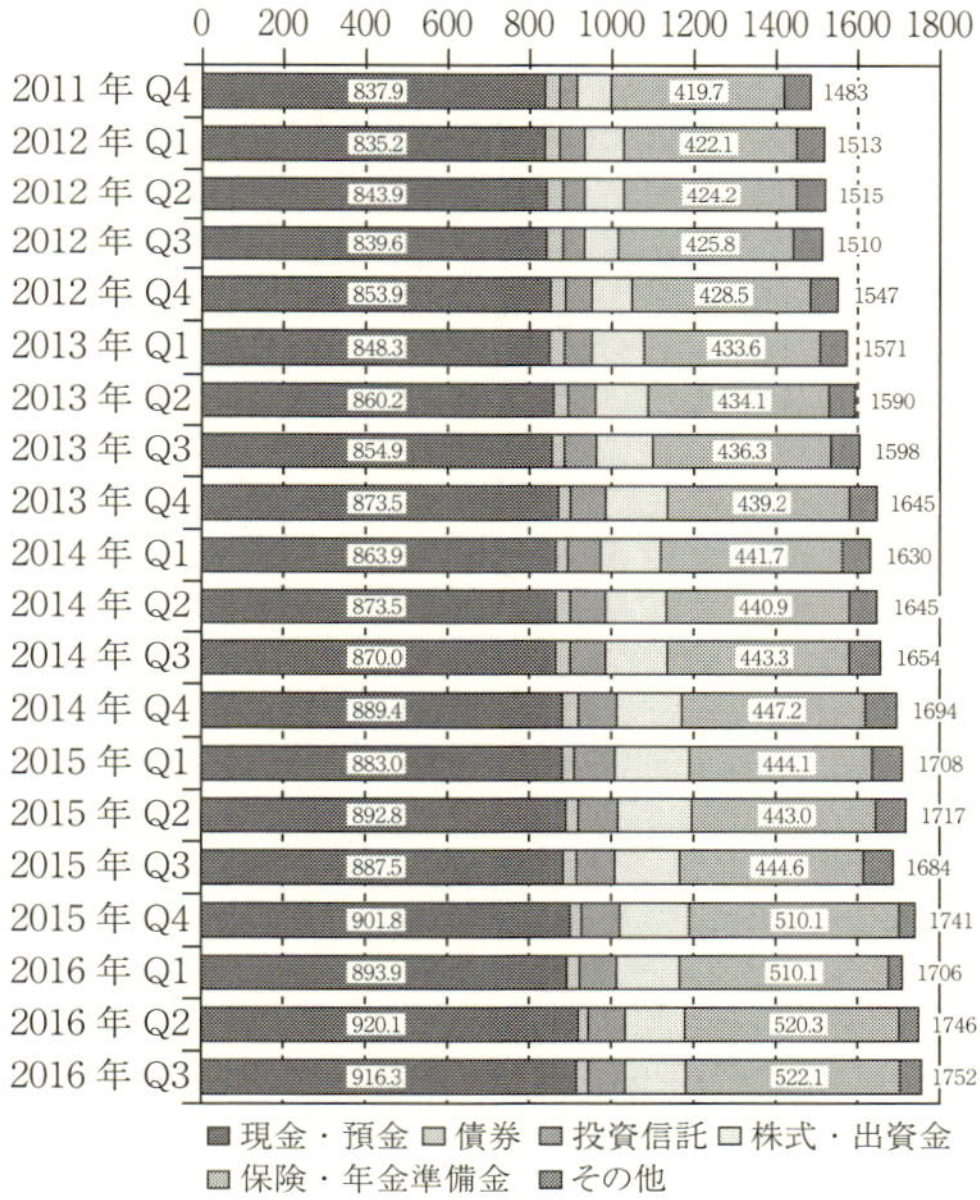

出所：日本銀行。

図表５　個人消費の推移（名目）

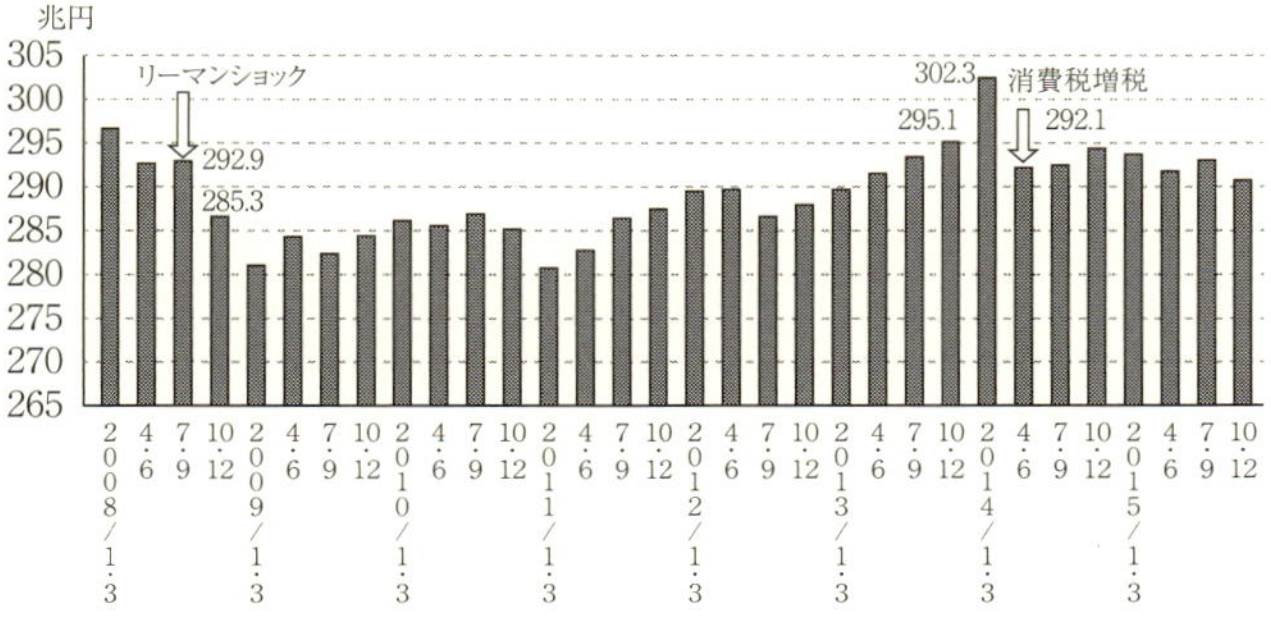

出所：内閣府。

2　企業の投資を促す「アベノミクス」の取組み

アベノミクスは、投資、消費、賃上げのすべてを促す取組みである。本論では、字数の関係もあり、「企業の投資」に焦点を当てて論を進めていこう。

（1）第1の矢～大胆な金融緩和

アベノミクス第1の矢は、「大胆な金融緩和」によるゼロ（マイナス）金利・大規模な資金供給政策である。

この超低金利政策は、どのような効果をもたらしたのであろう。

①　設備投資の促進

まず第1に、企業が低い金利でお金を借りることができるようになるため、設備投資が増加すると考えられている。

しかし、現実には、借金をしたい企業に対しては、銀行は貸し付けを渋り、銀行が貸し付けを行いたい優良企業は、すでに多額の内部留保を持っているため、借金をする必要がないといったミスマッチもあるやに聞いている。

② 輸出にもたらす効果と企業利益の改善

第2に、我が国が超低金利政策を採用すれば、一般論として、より金利の高い他の国の通貨に対し、我が国の通貨「円」が、円安に振れることが知られている。現実に、通貨は、円安基調で推移した。

これにより、ドルで決済することの多い輸出企業は、円貨での手取りが増え、利益が増大した。これにともない、法人税収も増収となった。もっとも、我が国の大企業はすでにグローバル化し、現地生産の割合が進んでいたため、実質的な輸出量はさほど増えていないという指摘もある。

③ 国債の信用力を増し補正予算の財源を形成

第3に、日銀が国債の引き受けを拡大したことにより、我が国の国債の信用力が増し、国債金利も低下した。

また、政府は毎年、膨大な国債の利払い費を当初予算で計上するが、国債金利の低下により、かなりの余剰が発生し、これを毎年の補正予算の財源として、機動的な財政政策を行うことが可能になった。

(2) 第2の矢〜機動的な財政出動

個人消費や設備投資などの民需が好調でない状況で、総需要を拡大していくためには、財政出動を機動的に行うことが有効である。

しかし、補正予算を編成するたびに赤字国債を発行していたのでは、財政再建目標と矛盾することとなってしまう。

アベノミクスの下での財政出動は、（1）に述べた点とも関連するが、輸出企業を中心とした企業の利益増にともなう法人税収の上振れ、株価の回復による株式取引の活性にともなう所得税収の上振れ、低金利にともなう国債費の余剰などを財源として、2020年の基礎的財政収支黒字化目標の旗を降ろすことなく、機動的に補正予算を編成することができた。このことは、もっと評価されて良いと思う。

（3） 第3の矢～成長戦略（投資を呼び込むために）

アベノミクス第3の矢として位置づけられる「成長戦略」は、多岐にわたる。ここでは、国内のお金の日本国内への投資を促すとともに、海外からの投資を日本に呼び込むための戦略に絞って、簡単に触れてみよう。

第1に、「規制改革」がある。我が国を世界で最も投資のしやすい国にするため、国家戦略特区などを中心に、現在、外国人労働者等に関する規制改革や、行政サービスのワンストップ化などが行われてきた。

今後さらに、働き方改革等の議論が行われるものと考えられる。

第２に、「法人税改革」がある。安倍政権発足時、35％と世界的にも高水準であった法人税の実効税率を、ドイツ並みの20％台に引き下げる改革が大胆に行われた。この政策も、国内に投資を呼び込むために有効と思われる。

また、日本に投資してもらうためには、企業の７割が赤字企業であったり、企業の財務内容や機関投資家の戦略が投資家に見えないといった、我が国独特の慣行を改めることが必要である。この数年、ＲＯＥ指標（株主資本利益率）の重視や日本版スチュワードシップコードの導入など、投資環境の整備が大幅に進んだことも特筆すべきであろう。

3　それでも日本に投資が集まらない理由〜人口減少への評価

このように、アベノミクスの下、我が国は大変な努力をして、国内への投資促進に躍起になり、私は、相当の成果を上げげたと高く評価している。

それでも、海外投資家の中には、日本への投資に二の足を踏む向きも多いようである。

私は、財務大臣政務官だった当時、ほぼ毎月、海外投資家の動向についてレクチャーさせるようにしていた。そして、海外投資家の相当数が、「日本は、どんどん人口が減っているのに、パンチの効いた成長戦略が出てこない」と考えていることを知ることになった。

もとより、成長戦略を一生懸命やっているのだから、アベノミクスの狙いと実績を彼らに丹念に説明することは必要である。

しかし、先に述べたように、国内の企業でさえも、国内投資を増加させるよりも対外直接投資に熱心なようでは、海外の投資家にばかり投資してくださいとお願いするのは、いささか無理があるかもしれない。

しかも、図表6のように、85年後の2100年には、日本の人口が現在の3分の1になるというグラフを見せつけられると、投資意欲もそがれるし、何か別の提案が必要になってくるように思う。

図表6

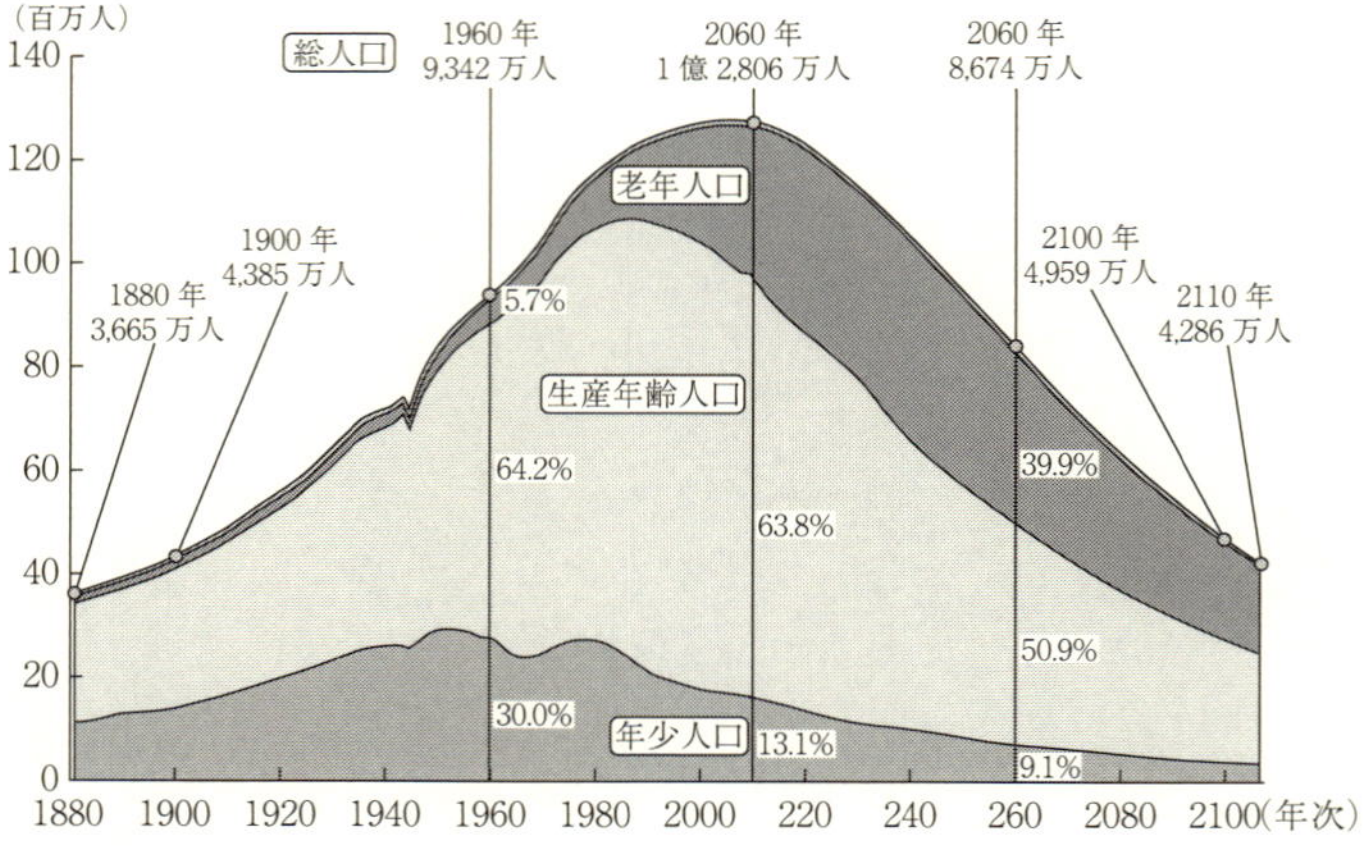

出所：総務省。

4 新たな発展のステージに向けて

私は現在、自由民主党の総務部会長として、地方の自立力の強化や情報通信技術（ＩＣＴ）基盤の高度化に取り組んでいる。

今、ＩＣＴ分野のイノベーションは著しいものがあり、第４次産業革命などとも言われている。我が国がそのトップランナーとなることができれば、人口減少を補い、性別や年齢を超えて、すべての人が成長に参画できる社会を作ることは、不可能でないと考えている。

また、総務部会長への就任前は、法務副大臣と衆議院法務委員長として、外国人労働者の問題を研究してきた。また、議員になる前は、警察庁で外国人犯罪の問題も担当してきた。その経験から申し上げると、外国人の方々を適切にコントロールしながら、移民にならない形で、かなりのボリュームの単純労働者を受け入れることは、十分可能と考えている。

以下、この２点について、私なりの考え方を述べてみよう。

（１）ＩＣＴへの重点投資～性別や年齢を超えて成長に参画できる社会

性別や年齢を超えて、皆が成長に参画できる社会を作るためには、ＩＣＴの活用は欠かせない。ＩＣＴへのさらなる重点投資を行い、我が国の社会のあり方を変えていくことが必要である。以下、いくつか例を挙げてみよう

①「テレワーク」は子育て世代のキャリア継続の切り札

男女を問わず、子育て世代のキャリア継続には、大変な苦労をともなう。特に女性の場合は、会社を辞めざるを得ないことが指摘され、子育てが一段落して仕事を再開しても、賃金は必ずしも高くないと言われている（いわゆるM字カーブ問題）。

そんな世代にとって、ICT機器を駆使し、自宅において、あるいは自宅近くのサテライトオフィスで、会社にいるのと同じように仕事ができる「テレワーク」の導入は、キャリア継続の切り札となり得るものである。

現在、私たちは、地方自治体の理解と協力を得ながら、その全国展開に向けた準備を進めている。これをさらに加速させていきたいと考えている。

②「自動走行」は高齢者の社会参加の切り札

昨今、高齢ドライバーのことが問題となっているが、現代社会で高齢者が生活をし、仕事をし、成長に参画するには、特に地方において、自動車の存在は極めて重要です。

そこで今注目されているのが「自動走行車」である。

ただ、技術レベルの問題もあり、まだまだ実証実験が必要となっている。

このような実験段階では、特に高齢者の場合、慣れ親しんだ運転技術を離れ、新たな技術を試していただくため、住民の皆さんに一時的な不便を強いる場面ももちろん出てくる。だからこそ、先進的な地方自治体に手をあげていただき、自動走行と生活・仕事のマッチングを、さらに推進したいと考えている。

③「ICTによる医療革命」は医療提供体制確保の切り札

今、医師不足の問題がクローズアップされている。ただ、この2年間で、福島県郡山市と千葉県成田市に医学部が新設され、全国的傾向として、将来の医師の絶対数は過剰になると見込まれている。しかし、過疎地・僻地の医師不足をもたらした医局の影響力低下が続く限り、地方での医師不足が解消されるとは限らない。

そこで期待されるのは、4K・8K（地デジハイビジョンは2K）等の精密な映像通信を利用した遠隔地医療や、クラウドを活用した個人の健康情報の一元化による診断の効率化である。特に遠隔地医療は、今後、先進的な地方自治体と協力しながら、進めていかなければならない分野である。

このほか、多言語翻訳技術の実用化により海外からの旅行者を呼び込むこと（交流人口の増加）、ドローンなどを活用したICT農業の実現など、我が国のフロンティアをさらに広げることができると考えている。そして、我が国が第4次産業革命のトップランナーとなることで、人口の減少を相当程度補うことが可能になる。

（2）外国人をどう受け入れていくべきか

しかし、以上のようなICT分野への重点投資を行ったとしても、限界はある。

我が国の人口は、現在の出生率の傾向が続けば、36年後の２０５３年には1億人割れとなり、現在よりも約2,８００万人減少する。雑ぱくに申し上げると、持続的な成長を確保するためには、例えば人口減少の３分の1をアベノミクスの取組みにより、残る３分の１をＩＣＴへの重点投資により補ったとしても、残る3分の1、すなわち1千万人程度は、実際の人口を増加させていくことが必要になってくる。

このためにも、出生率の回復が期待されるわけであるが、これには時間がかかる。だから、外国人の受け入れが喫緊の課題となってくるのである。

①「移民政策」はノー

安倍内閣において、累次の閣議決定が行われた「日本再興戦略」では、外国人の受け入れについて、「移民政策はとらない」ことが明記されている。私自身も、１千万人規模の外国人が、移民として日本に永住した場合の日本社会を想像したくない。

ただ、現実に、外国人労働力へのニーズは、先に述べたように、今後36年後には１千万人規模になる。

これだけのスケールの外国人労働者（単純労働者）をどのように制度的に受け入れるべきか、現在、自民党でも政府でも、具体的な検討が進んでいないのが実情である。

②「短期の出稼ぎ」を受け入れる制度と人材を構築する必要

移民ではない外国人労働者を、我が国が受け入れていくこととなると、それは、消去法で、「短期（3年程度、最長5年）の出稼ぎ」とするしか方法はない。

しかし、単にこのような在留資格を認めただけでは、膨大な不法滞在者を生み、治安面での影響も懸念される。私は、バブル経済時に来日した外国人が不法滞在者となり、来日外国人犯罪の第1のピークを記録した1993年当時、警察庁刑事企画課の企画担当課長補佐として、外国人犯罪問題に携わったが、従来とは別の、適切な制度の構築は、やはり必要と思う。

また、外国人の生活面等の相談に乗り、仕事面での指導を行う人材の育成も急務である。私自身は、このような人材は、日本人でなく、来日した外国人労働者と同じ国籍の方のほうが良いと考えている。

③ 具体的制度の提案

制度設計案の概要を申し上げよう。

まず、「外国人を管理する外国人（管理職外国人）」という在留資格を創設し、一定の要件を満たす労働者派遣会社に所属させる。管理職外国人は、日本語にも堪能で、職能も身につけた高度人材であるから、定住権が付与される。人材供給源としては、我が国の大学等への留学生が想定される。

この管理職外国人の属する派遣会社に就職することを条件に、管理職外国人と同じ国籍の外国人労働者に、短期（3年程度、最長5年）の就労資格を与える。外国人労働者の数は、管理職外国人1人につき20人程度とし、工場、工事現場、農場等に派遣される場合、原則として管理職外国人と一緒に行動する。また、外国人労働者は、派遣会社により、社会保険に加入することとなる。

このように、50万人程度の高度人材たる外国人を受け入れることで、1千万人規模の外国人労働者を受け入れることが可能となり、不法滞在も起こりにくくなるものと考えられる。

④ 実施に向けた取組みとアナウンス効果

もっとも、このような制度は、一朝一夕に実現できるわけではない。短期の出稼ぎとはいえ、1千万人規模の外国人が日本で生活し、仕事をするわけであるから、各種の行政サービスをどうしていくかといった問題も出てくる。

やはり、国家戦略特区などの制度を活用して、関心のある地方自治体に手をあげていただき、スピード感を持ちつつも、各種の検証を行いながら、実施に移していく慎重さが求められよう。

ただ、私は、このような施策の検討に着手することについて、海外投資家や国内企業向けに大きなアナウンス効果があるものと考えている。我が国が、移民ではないとはいえ、1千万人規模の外国人の受け入れを決断すれば、経済の持続的成長を確保するための並々ならない決意を、国内外に示すことになる。日本国内に投資しようという、「お金の流れ」が生まれてくることも期待できる。

このような「お金の流れ」が生まれれば、出生率の改善も夢ではない。

我が国の合計特殊出生率は、2005年に1・26と過去最低を記録した。当時は、ニート・フリーターといった若者の失業などが問題となった時期であった。当然、将来への不安があった。

しかし、その後、若者の雇用状況は改善、2015年には1.46と、0・2ポイントも改善している。これに「お金の流れ」の好循環が加われば、出生率の回復は決して不可能ではないと私は考える。

現在、政府は、合計特殊出生率を、2025年に現在よりも0・34ポイント増の1・8程度に回復する目標を掲げている。これを達成するためにも、我が国の成長にかける決意を、対外的にアピールすることが重要と思う。

それができれば、外国人労働者の受け入れは、1千万人よりも少し少なくてすむかも知れない。

Ⅱ「地域社会の担い手を育てる」～ミクロの視点

字数の制限もあり、第Ⅱ部は極めて簡単に述べたいと思う。

1 減少しつつある「地域社会の担い手」

かつて地域社会の担い手は、商店主等の個人事業主であり、農家であった。しかしそのいずれも、大きく減少している（図表7および8）。

これは、大型量販店や通販の充実、農地の規模拡大等の構造的要因もあるが、そこそこ儲けのある事業主や農家の方でも、後継者難に悩んでいるようである。このような、農業も含めた個人事業主の減少は、消防団や地域の自治組織の供給源の縮小を意味することになる。

図表 7

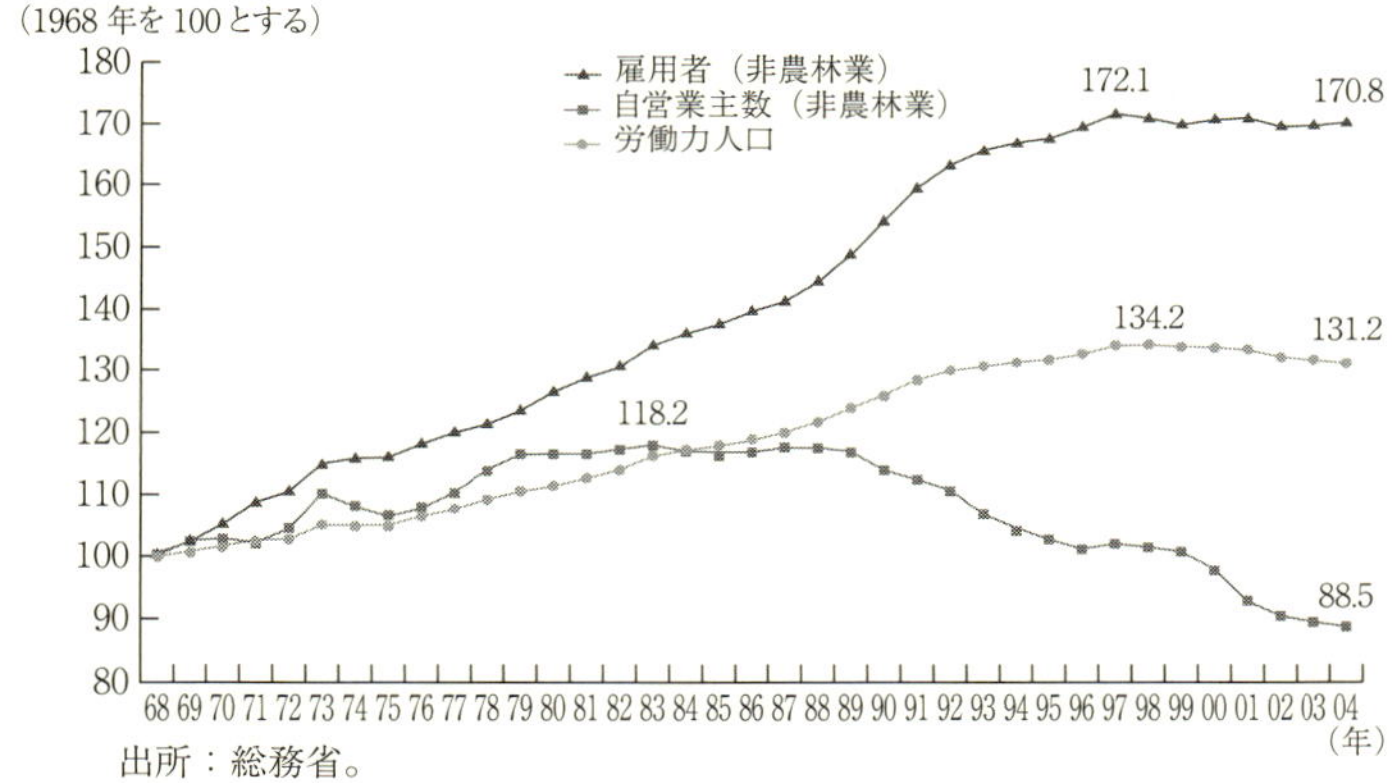

出所：総務省。

図表 8　日本の農業就業人口の推移

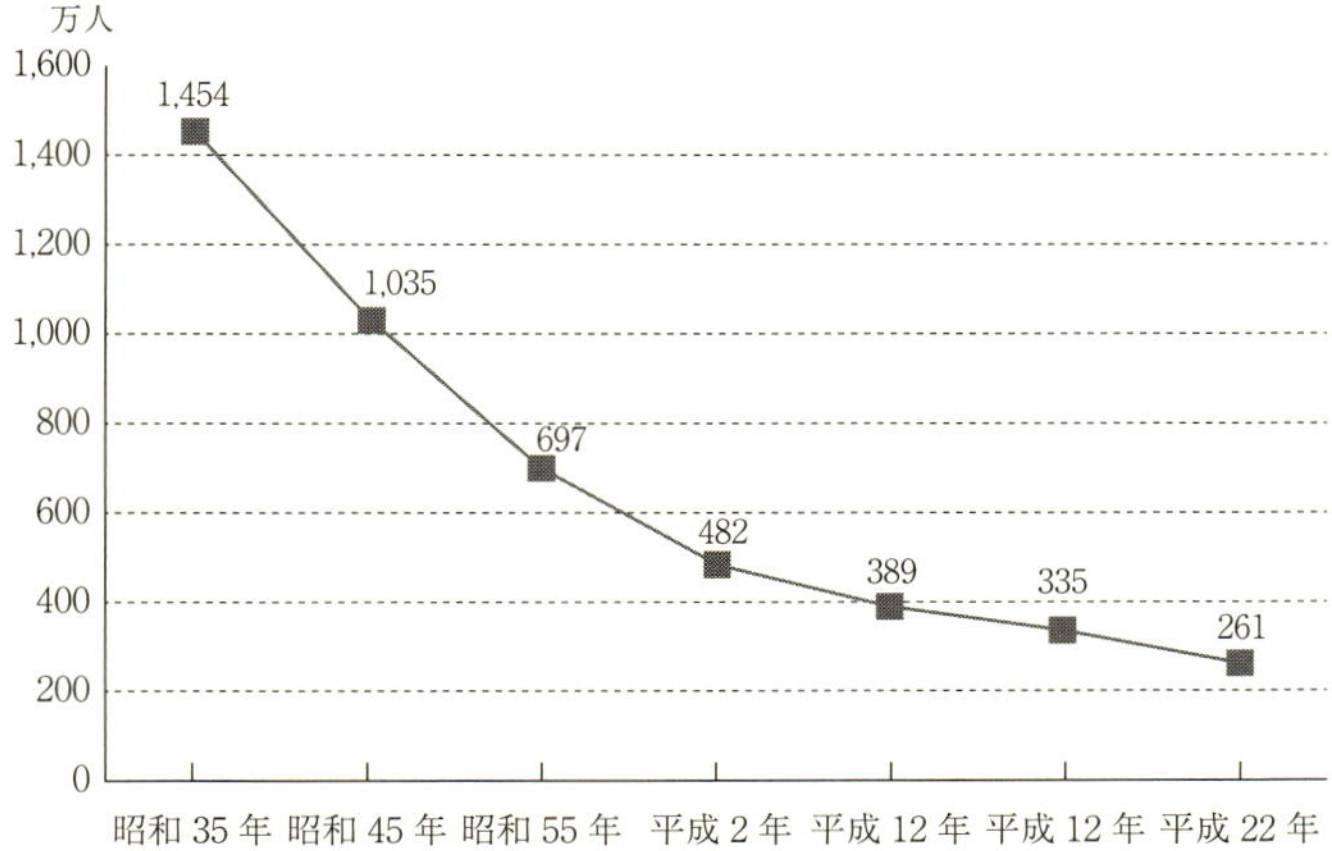

出所：農林水産省。

2　会社員はむしろ増加

その反面、非農林業の雇用者については増加傾向にあり、１９９５年からの生産年齢人口の減少局面でも、横ばいで推移している（図表7）。また、農業の就業人口自体は激減しているが、会社組織である農業生産法人数は、年々増加している（図表9）。

ただ、会社員が地域社会の担い手になるには、会社勤めの制約があるため、最近では、役場や農協の職員が、地域社会の担い手として期待されるケースが多いと聞いている。

図表9　農業生産法人数の推移

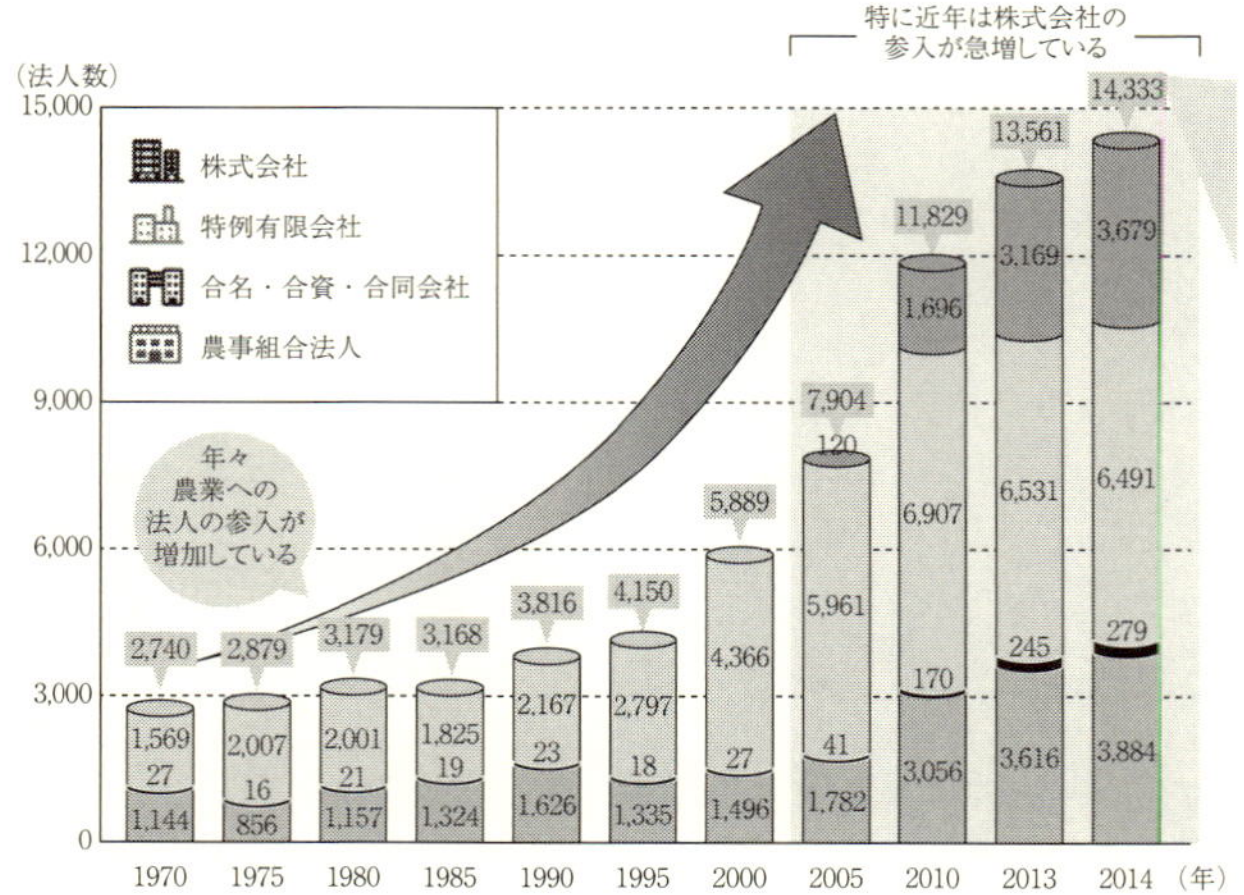

出所：農林水産省。

3 「社会保険がつかないこと」がネックになっていないか

第2次産業である町工場や建設業は、法人組織をとっているところが多いのであるが、これと並ぶ地域の担い手である商店主、飲食店などの生活衛生業、大工さん、農家などは、多くは個人事業主扱いで、社会保険（雇用保険、厚生年金保険、健康保険、介護保険、労災保険）の対象にはならない。個人事業主には国民年金や国民健康保険の制度はあるが、特に国民年金は、老後に受け取る年金の所得代替率が相当低くなってしまう。

このことが、地方の若者を都会に流出させ、地域社会の担い手を減少させる要因となっていないか？

これが私の問題意識である。

4 「地場産業応援人材センター」創設の提案〜地方創生への提言

それならば、地域ごとに、地場産業に労働力を提供する派遣会社を創立し、地域で働きたい若者に、しっかりとした社会保険をつけてあげることも、有効な施策でないかと思う。これを仮に、「地場産業応援人材センター」と名付けよう。老齢年金の所得代替率も、厚生年金なので5割超が保障される。

例えば水田農業の場合、農繁期の一部の期間を除いては、時間的な余裕ができる。この時間的な余裕を、地場の商店からの商品の配達に使えば、明らかに生産性は向上する。

このように、主に農業に従事する若者でも、他の地場産業のお手伝いをしていただけるような仕組みを、このような派遣会社の創設は大いに後押しできるものと考える。

もちろんこの構想を推進するためには、国からの支援も絶対に必要となる。私は現在、関係議員に働きかけ、構想の具体化に向けた検討を進めている。

おわりに

私は、政治家は評論家であってはならないと考えている。

常に提案を持ちつつ、実現させるためにどうするか、しっかりと考えていかなければならない。本稿では、そんな思いを語らせていただいた。

ありがとうございました。

あとがき

地方の活性化やまちづくりには、地域の「強みと弱み」を見きわめて「特色ある強み」に経営資源を集中することが重要である。各地の取組みを見ていると、花火大会やマラソン大会等の開催は横並びで同じ内容が目立っている。結果として、これまで以上に過当競争を生むだけで、その多くは地域の活性化につながっていない。隣の自治体で成功しているから、わが自治体でもやろうという発想では成功しない。全国各地の成功事例はあくまでも当該地域における方法論であるので、参考になれども、同じモデルの踏襲では、通用しないことを理解すべきである。各地域には、成功モデルにつながる原石があるので、どれを磨くかを検討することが必要である。

一般的に、全国的な規模での人口減少社会に入った今日では、街をコンパクトにしていくことが求められつつある。同時に、限界集落を維持し残すことも避けたいところである。くわえて欧米のように地域ごとに40万人前後の特色ある地方中核都市が全国に複数あるのが望ましいと考える。また、若い人たちが地方で自律できる雇用の創出も不可欠であろう。今、指摘されている地方経済の衰退要因は、人口減少だけではなく、生産性が伸びないことに起因している。そのことは、地方での雇用の大半を生み出している非製造業の生産性が低いことでもある。当然のことながら、低賃金であり、その結果として消費も増えないのである。

そして、これまで地方に付加価値の高い産業が育たなかったことも大きい。生産性を上げるには、地域内の優良企業に労働力の集約化を図らなければならない。それゆえに、能力と意欲のある新しい企業を積極的に支援すべきである。他方、実質的に成長が期待できない企業には撤退してもらうべきである。さらにいえば、付加価値の高い仕事に経営資源を集約化していくことが肝要である。例えば、今まで3人でやっていたことを1人で担うような取組が農業には必要なのである。それが実現できなければ農家は共倒れすることになる。過重な労働を避けるための技術革新を進め、一定の利益を確保しなければ立ち行かなくなる。まず、どうすれば若い人が地方で生計が立つのか、定着するのかを優先的に考えるべきである。

人が余っている時代であれば、競争力の低い企業を守る政策には、失業を防いで社会を安定させる効果があったが、今や逆に人手不足の時代である。企業の新陳代謝をどんどん進めても、失業者が大量にあふれる事態にはならないはずである。東京圏にあるグローバル企業の中には、潜在的に高い能力を持った人材がその能力を十分に発揮できないケースも散見される。企業によっては人材間の競争が激しくなっており、以前のような昇進やポストを与えることが難しくなったことも影響している。いうまでもなく、東京圏は生活コスト高で、かつ人のつながりも薄い。したがって、街と企業の集約化が進むことで地方経済が活性化すれば、若い人たちが働きやすく子育てしやすい地方におのずと目が向くようになる。

一方で国土交通省（以下、国交省と略す）では、地方都市の空き店舗等を大幅に改修し、子育て支援や観光用の施設として活用することを資金面で支援する官民の「まちづくりファンド」が2017年に創設された。これまで人口減少等で増え続けてきた空き店舗や空き家を再生し、衰退する都市の活性化につなげる。このファンドは国交省が都市再生を手がける「民間都市開発機構」を通じて出資し、地方銀行や信用金庫等の地元金融機関も出資するものである。すなわち、このファンドがそれぞれの都市で店舗や家の改装等を手がける民間事業者に出資や融資を行うのである。そして、業者の要請により、「まちづくり」のノウハウを持った人材の派遣も検討するという。さらに、ファンドを活用した業者は、託児スペースを備えたカフェや外国人観光客向けゲストハウス、シェアオフィス等を作り、企業誘致にもつなげるのである。ちなみに、全国10カ所程度を対象とする見通しである。なお、1ファンドあたりの規模は数千万円から数億円を見込んでおり、約10年で投資額の回収を目指すという。これまでのまちづくり支援は、国や地方自治体による補助金が中心だった。しかし、財政難でこうした補助金に限りがあることは明白である。それゆえに、地域が知恵を出しての「まちづくり、人づくり」は、国家的命題を帯びてきたと言っても過言ではあるまい。

本書で取り上げた各自治体の事例は、いずれも地域の現実と向き合ったものであり、これらを読み解く諸賢が明日の地域の担い手とならんことを願ってやまない。

編著者　秋山義継

参考文献等の紹介

赤川　学『子どもが減って何か悪いか！』ちくま新書、２００５年。

赤川　学『これが答えだ！少子化問題』ちくま新書、２０１７年。

飯田泰之・木下　斉・川崎一泰・入山章栄・林　直樹・熊谷俊人『地域再生の失敗学』光文社新書、２０１６年。

石井晴夫・金井昭典・石田直美『公民連携の経営学』中央経済社、２０１０年。

石破　茂『日本列島創生論』新潮新書、２０１７年。

市川宏雄『東京一極集中が日本を救う』ディスカバー携書、２０１５年。

稲葉陽二『ソーシャル・キャピタル入門』中公新書、２０１１年。

今井　照『地方自治講義』ちくま新書、２０１７年。

潮3月号『地方の時代を開く』潮出版社、２０１５年。

宇都宮浄人『地域再生の戦略』ちくま新書、２０１５年。

江口克彦『地域主権型道州制』ＰＨＰ新書、２００８年。

大江正章『地域の力』岩波新書、２００８年。

大江正章『地域に希望あり』岩波新書、２０１５年。

大月敏雄『町を住みこなす』岩波新書、２０１７年。

小田切徳美『農業山村は消滅しない』岩波新書、２０１４年。

片山　修『ふるさと革命』潮出版社、２０１６年。

木下　斉『稼ぐまちが地方を変える』ＮＨＫ出版新書、２０１５年。

黒野伸一『脱限界集落株式会社』小学館、２０１４年。

月刊広報会議No. 91『なぜ地方創生に「広報力」が必要なのか』宣伝会議、２０１６年。

佐々木信夫『市町村合併』ちくま新書、２００２年。

佐々木信夫『自治体をどう変えるか』ちくま新書、２００６年。

佐々木信夫『地方は変われるか』ちくま新書、２００７年。

佐々木信夫『道州制』ちくま新書、２０１０年。

佐々木信夫『新たな「日本のかたち」』角川ＳＳＣ新書、２０１３年。

佐々木信夫『老いる東京』角川新書、２０１７年。

「幸せリーグ」事務局編『「幸せリーグ」の挑戦』三省堂、２０１４年。

時事通信社編『人口急減と自治体消滅』時事通信社、２０１５年。

週刊エコノミスト『都道府県ランキング』毎日新聞社、２０１６年。

上念　司『地方は消滅しない！』宝島社、２０１５年。

神野直彦『地域再生の経済学』中公新書、２０１０年。

神野直彦『「人間国家」への改革』ＮＨＫ出版、２０１５年。

高崎順子『フランスはどう少子化を克服したか』新潮新書、２０１６年。

田村　明『まちづくりの実践』岩波新書、２００３年。

田村　秀『自治体崩壊』イースト新書、２０１４年。

中央公論2月号『脱「地方消滅」成功例に学べ』中央公論新社、２０１５年。

中央公論12月号『人口減にも勝機あり』中央公論新社、２０１６年。

西内　啓『統計学が日本を救う』中公新書ラクレ、２０１６年。

日経ビジネス『おらが村のインバウンド』日経ＢＰ社、２０１５年。

日経ビジネス No. 1825『活力ある都市ランキング』日経ＢＰ社、２０１６年。

根本裕二『「豊かな地域」はどこがちがうか 地域間競争の時代』ちくま新書、２０１３年。

野田　数『都政大改革』扶桑社新書、２０１７年。

久繁哲之介『地域再生の罠』ちくま新書、２０１０年。

藤井邦明『新地方公会計』税務経理協会、２００９年。

藤井　聡『公共事業が日本を救う』文春新書、２０１０年。

藤波　匠『人口減が地方を強くする』日経プレミアシリーズ、２０１６年。

藤山　浩『田園回帰①』農文協、２０１５年。

本間義人『地域再生の条件』岩波新書、２００７年。

増田寛也編『地方消滅』中公新書、２０１５年。

増田寛也編『東京消滅』中公新書、２０１５年。

増田寛也監修・解説『地方創生ビジネスの教科書』文芸春秋、２０１５年。

増田寛也・冨山和彦『地方消滅創生戦略編』中公新書、２０１５年。

松井克明編『東京五輪後に地方は崩壊する』宝島社、２０１７年。

松谷明彦・藤　正巖『人口減少社会の設計』中公新書、２００６年。
松谷明彦『東京劣化』ＰＨＰ新書、２０１５年。
松永桂子『ローカル志向の時代』光文社新書、２０１５年。
丸山康人『自治・分権と市町村合併』イマジン出版、２００２年。
三橋貴明『最強の地方創生』日本文芸社、２０１６年。
宮本康夫『第三セクターとＰＦＩ』ぎょうせい、２０００年。
村林　守『地方自治のしくみがわかる本』岩波ジュニア新書、２０１６年。
藻谷浩介『ニッポンの地域力』日本経済新聞出版社、２００７年。
八代尚宏『シルバー民主主義』中公新書、２０１６年。
山浦晴男『地域再生入門』ちくま新書、２０１５年。
山崎　亮『ふるさとを元気にする仕事』ちくまプリマー新書、２０１５年。
山下祐介『地方消滅の罠』ちくま新書、２０１５年。
山下祐介・金井利之『地方創生の正体』ちくま新書、２０１５年。
山田　順『地域創生の罠』イースト新書、２０１６年。
横石知二『学者は語れない儲かる里山資本テクニック』ＳＢ新書、２０１５年。
吉川　洋『人口と日本経済』中公新書、２０１６年。
吉原祥子『人口減少時代の土地問題』中公新書、２０１７年。

資 料　拓殖大学大学院地方政治行政研究科

地域のリーダーを育てる

秋山義継

地方分権一括法が実施されて以来，法制度的には，県・市町村は自治体として，法解釈を自ら行い，中央省庁の干渉から自立することができるようになりました。実際の各自治体運営でも，中央集権型社会から分権型社会への転換が期待されています。

また，地方分権推進委員会の報告では，これまで中央集権的な制度の下で，国と地方自治体は上下関係にあったとされています。それを対等協力関係につくっていくためには，地域住民の自己決定権の拡充とあらゆる階層の住民の共同参画による民主主義の実現を図ることが重要とも明記し，それを実現する分権改革の実現を目指しています。この分権改革は，国の行政機関のスリム化や経費節減だけを目的とするのではなく，地方自治体や地域住民が自らの判断で地域の課題を決定できる範囲を拡大することです。そこで地域住民が参加してものごとを決定する仕組みを確立することが重要だとしています。

地方政治行政研究科は，地方政治・行政に関する高度な専門知識をもち，総合的な政策・立案・遂行能力とその実践力を養成することを目的として設置いたしました。

今日，わが国は「地方の時代」を迎え，活力ある地方政治や行政を実現するために，皆さんの要望に対応できる充実したカリキュラムと高い教育研究指導ができる教員を配置しました。拓殖大学大学院地方政治行政研究科においては，毎週１つの授業を社会の第一線で活躍している先生方を講師として招き，その都度タイムリーなテーマを設定して行う授業をしています。2009年４月の開設から2017年５月までに来ていただいた各先生方の講演テーマを掲載します。

2017年度　大学院地方政治行政研究科「拓く力・地方の課題」講師

前期　月曜日６時限目（18時05分～19時35分／90分授業）

	月　日	講　師	テ ー マ
1	４月10日	島　桜子（日本政策学校理事）	「働き方改革」 ～これまでの経緯と今後の展望～
2	17日	野田　数 （東京都知事政務担当特別秘書）	「東京大改革」
3	24日	岡本　三成（衆議院議員・公明党）	「青年ファースト！未来への投資!!」
4	５月１日	市原　武（千葉県長生郡睦沢町長）	「"ナイス　スモール" 地方行政と民間活力」
5	８日	中山　一生（茨城県龍ケ崎市長）	「龍ヶ崎市のまちづくりのこれから」
6	15日	井出　義弘（茨城県議会議員）	「地方議会の現状と課題」 （「ひよっこ」の現場からの報告）

2016年度　大学院地方政治行政研究科「拓く力・地方の課題」講師

前期　月曜日6時限目（18時05分～19時35分／90分授業）

	月　日	講　師	テ　ー　マ
1	4月11日	髙橋　利行（政治評論家）	「憲法改正の現代的意義」
2	18日	本間　進 （千葉県議会議員／自民党・本学OB）	「地方議会の活性化」
3	25日	雑賀　正光（茨城県稲敷郡河内町長）	「消滅可能性都市からの挑戦」
4	5月9日	鈴木　周也（茨城県行方市長）	「みんなで進めるまちづくり計画」
5	16日	野尻　俊明（流通経済大学学長）	「わが国の物流政策～地方への展開と課題」
6	23日	太田　昭宏 （衆議院議員　公明党議長）	「インフラのストック効果と日本経済」
7	30日	天田　富司男 （茨城県稲敷郡阿見町長）	「地域創生」
8	6月6日	工藤　正司 （埼玉県行田市長・本学OB）	「地方創生 地域資源を核とした活力あるまちづくり」
9	13日	小坂　泰久 （千葉県印旛郡酒々井町長）	「高品質でおしゃれなまちづくり ～全国基礎自治体のトップランナーへ～」
10	20日	田口　久克（茨城県稲敷市長）	「稲敷市のまちづくり （地方創生元年を迎えて）」
11	27日	石田　義廣 （千葉県夷隅郡御宿町長）	「地方創生への道」
12	7月4日	西川　太一郎（東京都荒川区長）	「住民の幸福実感向上と自治体の役割 ～トップランナーとしての荒川区の取組～」
13	11日	片庭　正雄 （茨城県つくばみらい市長）	「みらいを担う子どもたちに誇れるまちづくり」
14	18日	葉梨　康弘 （衆議院議員・自民党副幹事長）	「人口減少社会における成長戦略」
15	25日	櫻井　富夫 （茨城県議会議員・常総学院理事長）	「茨城における地方創生」

2015年度　大学院地方政治行政研究科「拓く力・地方の課題」講師

前期　月曜日6時限目（18時05分～19時35分/90分授業）

	月　日	講　師	テ　ー　マ
1	4月13日	中澤　軍治（中沢乳業株式会社取締役名誉会長兼 中沢情報株式会社取締役会長・本学OB）	「なぜ今日まで生き残ったか―乳業一筋と酪農の未来―」
2	20日	髙橋　利行（政治評論家）	「一強と多強の功罪」
3	27日	天田　富司男（茨城県稲敷郡阿見町長）	「魅力ある街づくり」
	5月4日	（憲法記念日振替休日）	
4	11日	平沢　勝栄（衆議院議員・自民党）	「安倍政権の当面の課題」
5	18日	片庭　正雄（茨城県つくばみらい市長）	「子どもたちに、誇れるまちづくり」
6	25日	永井　良和（本学名誉教授・元地方政治行政研究科教授・本学OB）	「地域社会と国際交流」
7	6月1日	多田　正見（東京都江戸川区長）	「東京の自治と特別区制度―地域力を活かした特長ある施策―」
8	8日	河合　雅司（産経新聞社論説委員兼政治部編集委員）	「人口激減社会の処方箋は『地方』にあり」
9	15日	宮崎　貞行（新社会設計研究所所長）	「日本を変える政策条例―5つの方向で取り組む条例づくり―」
10	22日	岡田　正市（千葉県印旛郡栄町長）	「消滅すると言われた自治体のまちづくり」
11	29日	小坂　泰久（千葉県印旛郡酒々井町長）	「戦略的地方創生―日本一古い町の挑戦―」
12	7月6日	工藤　正司（埼玉県行田市長・本学OB）	「地方創生・笑顔あふれる元気な行田づくり」
13	13日	西川　太一郎（東京都荒川区長）	「地方自治体から見た東京の明日」
14	20日	木内　貴博（筑波学園病院　眼科部長）	「眼科診療から紐解く医療が果たす社会貢献―その理想と現実―」

2014年度　大学院地方政治行政研究科「拓く力・地方の課題」講師

前期　月曜日6時限目（18時15分～19時45分/90分授業）

	月　日	講　師	テーマ
1	4月14日	工藤　正司 （埼玉県行田市長・本学OB）	「まちの本質を核とした地域づくりと地方からの日本再生」
2	21日	長友　貴樹（東京都調布市長）	「今世紀の東京のあり方」
3	28日	坂本　健（東京都板橋区長）	「"東京で一番住みたくなるまち"の実現をめざして」
	5月5日	（こどもの日）	
4	12日	長岡　一美（茨城県龍ケ崎市副市長）	「わがまちの今」
5	19日	西川　太一郎（東京都荒川区長）	「ICT教育について」
6	26日	小坂　泰久（千葉県印旛郡酒々井町長）	「『100年安心して住めるまちづくり』を目指して」
7	6月2日	小池田　冨男（流通経済大学学長）	「大学の公共的役割について」
8	9日	蒔田　純（元総務大臣秘書官）	「政治過程における政策スタッフの役割」
9	16日	足立　寛作 （茨城県民オペラ協会会長）	「郷土に芸術を」
10	23日	岡部　政幸 （山梨県北都留郡丹波山村長・本学OB）	「多摩川源流の小さな村」
11	30日	正木　照夫 （正木道場館長・医療法人専務理事・本学OB）	「参議院の選挙制度改革」
12	7月7日	上月 良祐（参議院議員・自民党）	「政策決定プロセスにおける政と官の役割」
13	14日	高野　之夫（東京都豊島区長）	「街が変わる　街を変える」
14	21日	高橋　重幸 （岩手県盛岡市議会議員・本学OB）	「盛岡市議会における議会改革の取り組み」
15	28日	遠藤　富士雄（一般社団法人　日台文化協会理事長）	「地方議会の役割」

2013年度　大学院地方政治行政研究科「拓く力・地方の課題」講師

前期　月曜日6時限目（18時15分～19時45分／90分授業）

	月　日	講　師	テ　ー　マ
1	4月8日	髙橋　力（奥州市立後藤新平記念館長・本学OB）	「自治の意義―地方公務員の経験と本学における研究から」
2	15日	村上　正邦（元参議院議員・本学OB）	「政局と社会動向」
3	22日	石井　啓一（衆議院議員・公明党）	「道州制ほか自公政権の重要政治課題」
	29日	（昭和の日）	
	5月6日	（振替休日）	
4	13日	市原　健一（茨城県つくば市長）	「筑波研究学園都市50周年を迎えて」
5	20日	西川　太一郎（東京都荒川区長）	「アベノミクスと地方自治体の活性化について」
6	27日	小泉　一成（千葉県成田市長）	「空の港まちをめざして」
7	6月3日	馬頭　哲弥（元和歌山県議会議長・本学OB）	「地方政治の本質と課題」
8	10日	室井　廣一（九州栄養福祉大学学長・本学OB）	「お掃除門―少子高齢化社会を支える『お掃除の思想』―」
9	17日	遠藤　富士雄（一般社団法人　日台文化協会理事長）	「地方議会における議員連盟の役割り」
10	24日	久保田　健一郎（茨城県石岡市長）	「これからの地方分権を考える―地域特性を生かしたまちづくり―」
11	7月1日	平野　博文（元内閣官房長官）	「教育改革が導く地域と日本の再生」
12	8日	榊原　智（産経新聞東京本社論説委員）	「憲法と安全保障・緊急事態」
13	15日	正木　照夫（正木道場館長・本学OB）	「世界の柔道指導者と日本の柔道指導者との違い（武道とスポーツ）」
14	22日	田口　久克（茨城県稲敷市長）	「稲敷市の街づくり」

2012年度　大学院地方政治行政研究科「拓く力・地方の課題」講師

後期　月曜日6時限目（18時15分～19時45分／90分授業）

	月　日	講　師	テ　ー　マ
1	9月24日	小坂　泰久（千葉県印旛郡酒々井町長）	「～実践～小さな町のまちづくり　持続可能な町への展望」
2	10月1日	松浪　健四郎（日本体育大学理事長）	「日本外交とイスラム社会」
3	8日	本間　進 （千葉県議会議員・本学OB）	「現代の地方自治」
4	15日	森　英介（衆議院議員・自民党）	「司法制度改革の現状と課題」
5	22日	島　桜子（日本政策学校理事）	「社会的弱者と政治」
6	29日	天田　富司男（茨城県稲敷郡阿見町長）	「阿見町における住民が主人公のまちづくり」
7	11月5日	石川　良三（埼玉県春日部市長）	「春日部市のまちづくり」
8	12日	高橋　靖（茨城県水戸市長）	「水戸市の復興への取り組みについて」
9	19日	川口マーン惠美（作家）	「日独政治比較」
10	26日	小林　正則（東京都小平市長）	「地方政治の変遷とマニフェスト」
11	12月3日	櫻井　富夫（茨城県議会議員・学校法人常総学院理事長）	「地方議会の今日的課題」
12	10日	黒須　隆一（元東京都八王子市長）	「市長在任12年を振り返る―自治体経営とリーダーの役割―」
13	17日	佐藤　ゆかり （参議院議員・自民党）	「日本経済の今後のゆくえ」
14	1月7日	濱口　和久 （防災研修センター常務理事）	「地域と防災」
	1月14日	（成人の日）	
15	21日	椿原　紀昭 （北海道夕張郡栗山町長・本学OB）	「"先を読み、拓く" 栗山町のまちづくり20年」 ～町民参加による自律したまちづくり～

2011 年度　大学院地方政治行政研究科「拓く力・地方の課題」講師

後期　月曜日 6 時限目（18 時 15 分～ 19 時 45 分／ 90 分授業）

	月　日	講　師	テ ー マ
	9 月 19 日	（敬老の日）	
1	26 日	中山　一生（茨城県龍ヶ崎市長）	「地方の中小自治体における地方政治行政の課題」
2	10 月 3 日	塩田　潮（ジャーナリスト）	「野田首相で日本は大丈夫か─民主党政権の今後─」
	10 日	（体育の日）	
3	17 日	石田　義廣（千葉県夷隅郡御宿町長）	「御宿のまちづくり」
4	24 日	渡辺　周（衆議院議員・民主党）	「民主党政権は何を目指すか」
5	31 日	河村　孝（東京都三鷹市副市長）	「創造的な自治体経営をめざす三鷹市の挑戦　～大震災からみえてきた地域の課題～」
6	11 月 7 日	細谷 典幸（茨城県議会議員）	「活力ある茨城づくり」
7	14 日	岡田　広（参議院議員・自民党）	「夢・ゆめ・努」
8	21 日	中邨　章 （地方政治行政研究所客員教授）	「政治と信頼─変わる世界．変える日本」
9	28 日	水村　あつひろ （埼玉県議会議員・本学 OB）	「なぜ政治家を志したのか─地方議員の活動とは─」
10	12 月 5 日	加藤　清隆（時事通信社解説委員長）	「平成宰相論～総理大臣の資格とは何か？」
11	12 日	加山　俊夫（神奈川県相模原市長）	「これからの地方自治のあり方について」
12	19 日	（総まとめ）秋山義継教授・眞鍋貞樹教授	

2010年度　大学院地方政治行政研究科「拓く力・地方の課題」講師

後期　月曜日6時限目（18時15分～19時45分／90分授業）

	月　日	講　師	テ ー マ
／	9月20日	（敬老の日）	／
1	27日	根本良一（元福島県東白川郡矢祭町長）	「住民本位の地方行政」
2	10月4日	乾　正人（産経新聞政治部長）	「政権交代は何をもたらしたか」
／	11日	（体育の日）	／
3	18日	鷲澤正一（長野県長野市長）	「地方分権こそ国家経営の基礎」
4	25日	嶋津　昭（ふるさと財団理事長）	「人口減少社会と地域活性化」
5	11月1日	西川太一郎（東京都荒川区長）	「地方自治体は今後どうあるべきか」
6	8日	宮崎礼壹（元内閣法制局長官）	「日本の立法過程―内閣法制局の役割を含めて」
7	15日	高木　啓（東京都議会議員）	「日本の議会政治を拓いた東京都議会―近代日本議会政治の源流と今」
8	22日	島田敏男（NHK解説委員）	「日本政治の行方」
9	29日	幕田圭一（東北電力相談役・東北経済連名誉会長）	「Think Globally, Act Locally」
10	12月6日	茅原郁生（拓殖大学名誉教授）	「中国における党軍関係を中心として―中央と地方の綱引き―」
11	13日	小池百合子（衆議院議員・自民党・総務会長）	「自民党は地方の時代にどう挑むか」
12	20日	原口一博（衆議院議員・民主党・前総務大臣）	「民主党は地方の時代にどう挑むか」

2009年度　大学院地方政治行政研究科「拓く力・地方の課題」講師

後期　金曜日6時限目（18時15分～19時45分／90分授業）

	月　日	講　師	テ　ー　マ	備　考
1	9月25日	上田清司（埼玉県知事） 中川浩明（全国知事会事務総長） 磯崎初仁（神奈川県参与） 保坂榮次（研究科委員長） ※6・7時限を使い，開設記念シンポジウムを開催	「新しい時代を拓く地方政治行政」	初回に限り，授業時間を18時30分～21時まで
2	10月2日	炭谷　茂（元環境事務次官）	「環境政策と福祉政策の融合」	
3	9日	塩川正十郎（元財務大臣）	「地方政治改革」	15時～16時30分
	16日	（紅陵祭のため休講）		
4	23日	橋本五郎（読売新聞特別編集委員）	「鳩山政権は大丈夫か」	
5	30日	藤井信吾（茨城県取手市長）	「首都圏近郊都市の課題と挑戦―ベットタウンから自立都市へ―」	
6	11月6日	藤井厳喜（国際政治学者）	「連邦制と道州制と国家統合」	
7	13日	溝口正夫（元相模湖町長・本学理事）	「市町村合併」	
8	20日	井堀利宏 （東京大学大学院経済学研究科教授）	「地方分権と経済の活性化」	
9	27日	安住　淳（衆議院議員・民主党）	「日本再生―民主党はこう考える」	枝野幸男氏公務のため
10	12月4日	石破　茂（衆議院議員・自民党）	「日本再生―自民党はこう考える」	
11	11日	石　弘光 （放送大学長・前政府税制調査会会長）	「地方分権と地方財政」	
12	18日	石原信雄 （元内閣官房副長官・自治事務次官）	「日本の政治―起死回生なるか」	

志太勤一（しだ・きんいち）担当：第３章２
シダックス㈱代表取締役会長兼社長
拓殖大学客員教授（2007，2009年度）

白土　健（しらど・たけし）担当：第３章３
大正大学人間学部教授

鹿住良人（かすみ・よしひと）担当：第３章４
㈱かすみ交通代表取締役
東京交通短期大学講師

葉梨康弘（はなし・やすひろ）担当：第３章５
衆議院議員
拓殖大学大学院地方政治行政研究科客員教授（2016年度）

《**著者紹介**》（執筆順）

秋山義継（あきやま・よしつぐ）担当：第1章
拓殖大学大学院地方政治行政研究科教授

小坂泰久（こさか・やすひさ）担当：第2章1
千葉県酒々井町長
拓殖大学大学院地方政治行政研究科客員教授（2012，2014，2015，2016年度）

工藤正司（くどう・まさじ）担当：第2章2
埼玉県行田市長
拓殖大学大学院地方政治行政研究科客員教授（2014，2015，2016年度）

鈴木周也（すずき・しゅうや）担当：第2章3
茨城県行方市長，東京農業大学非常勤講師
拓殖大学大学院地方政治行政研究科客員教授（2016年度）

田口久克（たぐち・ひさかつ）担当：第2章4
茨城県稲敷市長，全国市長会評議員，元NHK報道局チーフディレクター
拓殖大学大学院地方政治行政研究科客員教授（2013，2016年度）

雑賀正光（さいが・まさみつ）担当：第2章5
茨城県河内町長，河内町社会福祉協議会会長
拓殖大学大学院地方政治行政研究科客員教授（2016年度）

石田義廣（いしだ・よしひろ）担当：第2章6
千葉県御宿町長，夷隅郡町村会長，全国市町村水産業振興対策協議会常任理事
拓殖大学大学院地方政治行政研究科客員教授（2011，2016年度）

片庭正雄（かたにわ・まさお）担当：第2章7
茨城県つくばみらい市長
拓殖大学大学院地方政治行政研究科客員教授（2015，2016年度）

市原　武（いちはら・たけし）担当：第2章8
千葉県睦沢町長
拓殖大学大学院地方政治行政研究科客員教授（2017年度）

岩武光宏（いわたけ・みつひろ）担当：第3章1
日本都市学会，関東都市学会会員

《編著者紹介》

秋山義継（あきやま・よしつぐ）

現　在　拓殖大学大学院地方政治行政研究科教授，政経学部教授，
流通経済大学経済学部講師，学校法人 東筑紫学園理事
（自治体経営論　大学院）
（経営学総論，経営管理総論，ベンチャー企業論，地域振興論　学部）

最近の主要著書

『経営用語・キーワード』（共著）中央経済社，2007 年
『ベンチャー企業論』（編著）税務経理協会，2007 年
『環境経営論』（編著）創成社，2008 年
『[交通・情報] 基本ワード 250』（責任編集）学文社，2009 年
『ベンチャーコンパクト用語辞典』（編著）税務経理協会，2009 年
『経営学トレーニング（新版）』（編著）創成社，2009 年
『経営管理論（改訂版）』創成社，2009 年
『環境経営用語辞典』（編著）創成社，2009 年
『経営学総論（第 2 版）』（編著）八千代出版，2010 年
『企業経営とマネジメント』（編著）八千代出版，2014 年
『ベンチャー企業経営論』改訂版（編著）税務経理協会，2015 年
『経営学―コンパクト基本演習―』（編著）創成社，2015 年
『新経営管理論』創成社，2017 年

その他多数

（検印省略）

2017 年 10 月 1 日　初版発行　　　　略称 ― 地域振興

地域振興論

―新しいまちづくりの実践―

編著者　秋 山 義 継
発行者　塚 田 尚 寛

発行所　東京都文京区
春日 2 －13－1　**株式会社 創 成 社**

電　話　03（3868）3867　　ＦＡＸ　03（5802）6802
出版部　03（3868）3857　　ＦＡＸ　03（5802）6801
http://www.books-sosei.com 振　替　00150-9-191261

定価はカバーに表示してあります。

ISBN978-4-7944-3183-7 C3033
Printed in Japan

組版：トミ・アート　印刷：エーヴィスシステムズ
製本：宮製本所
落丁・乱丁本はお取り替えいたします。